Bibliografische Information der Deutschen Nationalbibliothek

Die Deutsche Nationalbibliothek verzeichnet diese Publikation in der Deutschen Nationalbibliografie; detaillierte bibliografische Daten sind im Internet über <http://dnb.d-nb.de> abrufbar.

© 2010 Oldenbourg Wissenschaftsverlag GmbH
Rosenheimer Straße 145, D-81671 München
Telefon: (089) 45051-0
oldenbourg.de

Dieses Buch erschien bis zur 3. Auflage unter dem Titel „Wirtschaftsfranzösisch fehlerfrei. Le français économique sans fautes".
Lektorat: Kristin Beck
Herstellung: Anna Grosser
Coverentwurf: Kochan & Partner, München
Titelbild: iStockphoto
Gedruckt auf säure- und chlorfreiem Papier
Gesamtherstellung: Druckhaus „Thomas Müntzer" GmbH, Bad Langensalza

ISBN 978-3-486-59638-0

À la perfection!

Französisch für Studium, Beruf und Wirtschaft

von

Univ.-Prof. Dr. Eva Lavric
und
Dr. Herbert Pichler

4., korrigierte Auflage

Oldenbourg Verlag München

TABLE DES MATIERES

EINE VIERTE AUFLAGE,
EIN NEUER TITEL,
UND ENDLICH DIE RICHTIGE ZIELGRUPPE

Als wir 1998 dieses Buch unter dem Titel „Wirtschaftsfranzösisch fehlerfrei. Le français économique sans fautes" zum ersten Mal publizierten, ging es uns vor allem um unsere Studierenden an der Wirtschaftsuniversität Wien. Unsere Erfahrung als Lehrende und unsere Kenntnis der Fehlerquellen und Schwierigkeitsfelder wollten wir in prophylaktische Übungen und kontrastive Erklärungen umsetzen, um künftige Generationen von Lernenden vor den falschen Freunden und Sprachfallen zu warnen.

Über ein Jahrzehnt und mehrere (überarbeitete) Auflagen später ist unser Anspruch derselbe geblieben; aber unsere neuen beruflichen Erfahrungen – an einem Romanistik-Institut (Lavric) und im diplomatischen Dienst (Pichler) – haben uns gezeigt, dass nicht nur Wirtschaftsstudenten mit unserem Büchlein etwas anfangen können.

Denn auch Romanistik-Studierende, ja selbst DiplomatInnen, und wahrscheinlich alle, die auf Französisch schriftliche Texte verfassen müssen, haben dieselben Schwierigkeiten. Und bis auf ein paar stark wirtschaftlich-terminologisch geprägte Items – eines davon steht emblematisch in unserer Liste am Anfang – sind die meisten Sprachfallen, um die es uns geht, einfach dem gehobenen argumentativen Stil zuzuordnen, wie er sich in den verschiedensten Textsorten, z.B. ganz generell in Seminar- und Diplomarbeiten, wiederfindet.

Die Zeit hat außerdem gezeigt, dass unser Ansatz aus den neunziger Jahren ein sehr innovativer, ja geradezu visionärer, gewesen ist. Denn nach der nahezu ausschließlichen Betonung der Kommunikation hat im Sprachunterricht in den letzten Jahren die Kognition wieder ihr Recht eingefordert. Bewusstes Verstehen, Wissen und Vergleichen ist mit der „language awareness"-Bewegung wieder in den Sprachunterricht eingekehrt, und das ist gut so.

Damit ist unser Büchlein aktueller denn je, und wir freuen uns, es in überarbeiteter Auflage – und nun endlich mit dem richtigen Titel – dem neuen, erweiterten Zielpublikum vorzulegen.

Wien, im Februar 2010 EVA LAVRIC, HERBERT PICHLER

AVANT-PROPOS

« LE FRANÇAIS ÉCONOMIQUE SANS FAUTES » est un manuel qui servira de complément à tout programme de français économique pour germanophones. Il repose sur une longue expérience d'enseignement à l'Université des Sciences économiques de Vienne, et donc sur une connaissance profonde des erreurs les plus fréquentes. Les auteurs ont eu l'occasion de le mettre en pratique avec leurs étudiants, obtenant des résultats plus que satisfaisants.

Cette méthode, consacrée aux faux amis et aux pièges du français économique, se propose de fournir d'une part des explications détaillées et d'autre part toute une gamme d'exercices ciblés sur ces mêmes difficultés. Elle est conçue de manière à permettre à l'étudiant un travail indépendant sur la base de l'auto-contrôle. Si l'étudiant est soutenu par un professeur, celui-ci pourra faire un choix parmi les exercices ou les adapter aux besoins ou au niveau de l'élève.

Le point de départ de cette méthode est une liste des 300 sources d'erreurs les plus fréquentes, liste qui permet une première approche des difficultés et qui servira de base aux exercices. Nous y avons inclus non seulement des problèmes de terminologie, mais aussi des connecteurs logiques et bien d'autres éléments du langage de spécialité au sens large. Nous nous sommes concentrés sur les difficultés particulières aux étudiants germanophones, tout en tenant compte autant que possible des fréquentes interférences dues à l'apprentissage parallèle de l'anglais.

La liste est structurée en dix chapitres suivant les types de difficultés, p.ex. les faux amis proprement dits (*filiale* ≠ *Filiale*), les barbarismes (*expecter*), les divergences sémantiques (*Entwicklung* → *développement / évolution*), les verbes difficiles (*acquérir*), les problèmes de genre (*le dividende*) et de nombre (*les effectifs*), les difficultés de morphologie (*diminution*) et d'orthographe (*comptabilité*).

Les éléments de cette liste sont ensuite présentés et contextualisés sous forme d'exercices. Les exercices préliminaires et les exercices d'approfondissement se distinguent tant par leur structure que par leur fonction, mais il s'agit dans les deux cas d'exercices de thème, c'est-à-dire de traduction allemand → français. Nous avons choisi le thème comme étant le type d'exercice le plus riche dans le sens de complexe, et le plus approprié dans une perspective contrastive. Rien n'empêche d'ailleurs le professeur de fabriquer des QCM (questionnaires à choix multiple), des exercices à trous ou des dictées, sur la base des corrigés présentés en fin de recueil.

Les **exercices préliminaires** présentent les difficultés dans l'ordre de la liste et insérées dans des phrases simples, à raison d'un terme difficile par phrase et sans anticiper sur les difficultés ultérieures. Ils sont tout simplement destinés à tendre les pièges un par un.

L'étudiant qui travaille sur ces exercices se reportera systématiquement à la **liste commentée**, noyau dur du programme. Il y trouvera les traductions de tous les termes et surtout des explications détaillées, des références à l'allemand et à l'anglais, quelques points de grammaire ainsi que du vocabulaire contextuel supplémentaire.

Les **exercices d'approfondissement** reprennent ensuite les difficultés chapitre par chapitre, cette fois-ci dans des phrases plus complexes, voire des petits textes de traduction, regroupant chacun plusieurs des termes difficiles. De plus, ces exercices contiennent un choix supplémentaire de vocabulaire économique et de difficultés de grammaire, et surtout une révision systématique des termes présentés dans l'ensemble du programme.

C'est donc une façon de procéder bien précise que nous conseillons à l'utilisateur de notre méthode - libre à ceux qui veulent aller plus vite de se concentrer sur l'une des deux batteries d'exercices, puisque chacune permet un accès exhaustif à la liste.

Dernier élément du programme: un **contrôle final** sous forme de QCM, qui permet de vérifier en peu de temps le succès de l'apprentissage.

Le tout est bien sûr complété par les **corrigés** de tous les exercices. Afin de faciliter l'auto-correction, nous proposons souvent plusieurs variantes de traduction, tout en sachant qu'un corrigé ne peut remplacer les explications d'un professeur.

Finalement, nous aimerions attirer l'attention sur le double **index** (français et allemand), qui permet de retrouver tous les termes mentionnés aussi bien dans la partie explicative que dans les exercices.

Il nous reste à souhaiter que « LE FRANÇAIS ÉCONOMIQUE SANS FAUTES » réponde aux attentes de ses utilisateurs et que cet ouvrage soit pour eux un instrument de travail utile, enrichissant et - pourquoi pas? - qui leur fasse apprécier les subtilités de la langue française.

EVA LAVRIC   HERBERT PICHLER

Faux amis et pièges
du français économique

1)   **Faux amis**   (Le mot ne signifie pas ce que l'on pourrait croire)

1.a) allemand

la filiale ≠ la succursale
la souscription ≠ la signature
la chance ≠ la possibilité
la démonstration ≠ la manifestation
le concours ≠ la faillite
un index ≠ un indice

triste ≠ grave, difficile, morose
actuel ≠ d'actualité

effectif ≠ efficace
(conservatif ≠) conservateur
(intensif) ≠ intense

forcer ≠ promouvoir, encourager
montrer ≠ représenter
(repayer ≠) rembourser

tout le monde ≠ le monde entier
la plupart des ≠ la plus grande partie de

alors ≠ donc
après ≠ d'après, selon
avant ≠ il y a

1.b) anglais

supporter ≠ soutenir
user ≠ utiliser, se servir de
visiter ≠ rendre visite à, aller voir
attendre ≠ fréquenter (une école)
quitter qn./qch. ≠ partir
joindre qn. ≠ adhérer à

la compétition ≠ la concurrence
la monnaie ≠ l'argent
les coins ≠ les pièces de monnaie
le peuple ≠ les gens

(Dû à ≠) Par suite de / En raison de

1.c) français

élevé (adj.), mais:
élever qch ≠ relever, augmenter qch
s'élever à ≠ s'accroître, augmenter (pour passer à)

les causes et les effets, mais:
effectuer ≠ causer, entraîner

2) Barbarismes   (Mots qui paraissent français mais qui ne le sont pas)

~~solver~~ → résoudre
~~protecter~~ → protéger
~~expresser~~ → exprimer

~~expecter~~ → s'attendre à / à ce que + subj.
~~les expectations~~ → les attentes

~~une place de travail~~ → un emploi
~~une investition~~ → un investissement
~~la balance de performance~~ → la balance des opérations courantes
~~le spéditeur~~ → le transitaire

~~financiel~~ → financier
~~optimistique~~ → optimiste
~~théorétiquement~~ → théoriquement

~~cettes~~ → ces
~~de(s) différents, de(s) divers~~ → différents, divers
(mais: de nombreux!)

~~d'un côté, d'autre côté~~ → d'un côté, de l'autre

~~10 Mio €~~ → 10 millions d'euros
~~20 Mrds $~~ → 20 milliards de dollars

Expressions qui ne s'emploient pas par écrit:
(ça) → cela
(pour ça) → c'est pourquoi
(Quand même) → Malgré cela, cependant, pourtant

3) À éviter   (Tournures calquées sur l'allemand)

(on peut distinguer →) on distingue
(on peut constater →) on constate

(être dépendant de →) dépendre de

(rendre possible →) permettre

(mener à →) conduire à, entraîner

4) Deux (ou plusieurs) mots français pour un mot allemand

haut ≠ élevé
la hauteur ≠ le montant ≠ l'altitude

un développement ≠ une évolution
une économie nationale ≠ l'économie politique
la balance ≠ le bilan

un impôt ≠ une taxe
un surplus ≠ un excédent
le procès ≠ le processus

la date ≠ les données (≠ un rendez-vous)
le chiffre ≠ le nombre

l'huile (f.) ≠ le pétrole ≠ l'essence (f.)
les stocks ≠ le dépôt, l'entrepôt

l'éducation (f.) ≠ la formation
un paysan, un fermier ≠ un agriculteur

un an ≠ une année ≠ un exercice

épargner ≠ économiser
l'épargne ≠ les économies
(une politique de rigueur, d'austérité)

changer ≠ modifier
un changement ≠ une modification

payer (au) comptant ≠ payer en espèces, en liquide
livrer ≠ fournir
un livreur ≠ un fournisseur
alléger ≠ faciliter ≠ soulager
voter ≠ élire

chez ≠ auprès de ≠ lors de, à l'occasion de
en face de, vis-à-vis de ≠ par rapport à (≠ face à)
pendant que ≠ tandis que, alors que ≠ tout en + part.prés.

5)   **Distinguez bien!**   (Nuances subtiles, mais identiques en allemand)

les effectifs ≠ le personnel ≠ les salariés ≠ les employés ≠ la population active
le peuple ≠ la population
le revenu ≠ les recettes

comprendre ≠ être constitué de ≠ contenir
éviter ≠ empêcher
évaluer ≠ estimer

conduire à > entraîner > causer > provoquer > déclencher

quelques ≠ certains ≠ plusieurs
dernier (/ passé) ≠ précédent
prochain ≠ suivant
en plus ≠ De plus,...
grâce à ≠ à cause de ≠ en raison de
en cas de... ≠ dans le cas d'un... / du...

6)   **Mots à employer au pluriel**   (Le pluriel domine ou possède un sens particulier)

les bénéfices
les pertes
les échanges
les ventes
les importations
les exportations
les effectifs
les stocks
les élections

7)   **Masculin - féminin**

(Les mots en **-ment** et en **-age** sont en général masculins!)
le rendement   le chômage, le reportage, le sondage

une offre

la valeur
la raison
la part
la partie

le parti politique

le groupe
le rôle
le contrôle
le dividende
le domaine
un million
un milliard
le chiffre
le graphique

8)   **Réflexivité**   (Verbes qui se construisent avec ou sans *se*)

changer
doubler
tripler
augmenter / s'accroître
diminuer / se réduire
s'élever à / être de
s'attendre à / à ce que + subj.

9)   **Verbes difficiles**

bénéficier de / à: je bénéficie, nous bénéficions, j'ai bénéficié
          le bénéfice, le bénéficiaire

financer: je finance, nous finançons, j'ai financé
          les finances, le financement, le financier

acquérir: j'acquiers, nous acquérons, ils acquièrent, j'ai acquis
          une acquisition, un acquis, un acquéreur

promouvoir: je promeus, nous promouvons, ils promeuvent, j'ai promu
          la promotion, le promoteur

résoudre: je résous, nous résolvons, ils résolvent, j'ai résolu

conclure: je conclus, nous concluons, ils concluent, j'ai conclu

offrir: j'offre, nous offrons, j'ai offert

réduire: ils réduisent
produire: ils produisent

10)   **La lettre qui fait la différence**   (Problèmes de morphologie et d'orthographe)

10.a) Écoutez bien!

un baril
un exercice
le pronostic
la conjoncture
la diminution
une adaptation
la chimie, chimique
la médecine
favorable
le gouvernement
le parlement
l'exportateur, l'importateur
deuxièmement, troisièmement
le caractère, caractéristique

diviser
réviser
assainir

un effet
un contrat
un projet
un objet
un sujet
un conflit

un mois
le salaire ≠ le salarié
un avocat
un avantage

10.b) La différence ne s'entend pas

par exemple

une tendance
la correspondance
un assistant

le gouvernement
le développement
l'équipement (m.)

plutôt
la plupart

un excédent
exceptionnel

compter, la comptabilité
le rythme
le langage

10.c) Terminaisons

certaines ≠ certains
les Américaines ≠ les Américains
les Françaises ≠ les Français
les courses ≠ les cours

-al, -ale,   -aux, -ales
national, social, libéral,
égal, fiscal, électoral...

-if, -ive,   -ifs, -ives
actif, positif, compétitif...

-ic, -ique,   -ics, -iques
public / publique

moderne
net / nette
brut / brute

le revenu
un résumé
un employé

le pétrole
le monopole

le problème
le système
le programme

le spécialiste
un expert
le succès

10.d) Lettre double ou non?

un actionn aire
un fonctionnaire
professionnel
traditionnel
personnel, la personnalité
le protectionnisme
la monnaie, monétaire

annuler
parallèle

une adresse
s'adresser à
une étape

10.e) Accents

presque
depuis
premier
la mesure
la relation
avoir besoin de
devenir, devenu
cher, chère

il représente
le/la secrétaire
élevé
créé / créée (← créer)

le pétrole
le problème

le chômage
les intérêts

surtout

coté en Bourse
d'un côté...de l'autre

acheter, j'achète, nous achetons, acheté
espérer, j'espère, nous espérons, espéré

10.f) Majuscules

la Bourse
l'État
un euro
un Français ≠ le français

EXERCICES PRÉLIMINAIRES

1.a)

1 Wir haben die Warenmuster an unsere Filiale in Linz geschickt.

2 Die Gründung einer Tochtergesellschaft muß den Gesellschaftern angekündigt werden.

3 Ein Scheck ohne Unterschrift ist ungültig.

4 Die Zeichnung des Kapitals endet am 30. Juni.

5 Wir haben gar keine Chance mehr, einen Kredit zu erhalten.

6 Um einen Kredit zu erhalten, müßte man Glück haben.

7 Die Demonstration wurde von den Gewerkschaften organisiert.

8 Morgen wird es eine Vorführung der neuen Geräte geben.

9 Die Gläubiger befürchten, daß die Genossenschaft in Konkurs geht.

10 Alle Kandidaten werden zu einer Ausleseprüfung antreten müssen.

11 Der Dow Jones ist ein besonders bekannter Börsenindex.

12 Die Schlüsselwörter werden im Register angeführt.

13 Der Textilsektor befindet sich seit langem in einer tristen Lage.

14 Es ist traurig, daß niemand in diesen Sektor investieren will.

15 Ich habe den Bericht weggeworfen, denn er ist nicht mehr <u>aktuell</u>.

16 Der <u>derzeitige</u> Präsident wird bald in den Ruhestand treten.

17 Die neue Marketing-Abteilung ist noch nicht <u>effizient</u> genug.

18 Die <u>tatsächliche</u> Geburtenrate entspricht nicht den veröffentlichten Statistiken.

19 Der <u>konservative</u> Kandidat hat 53% der Stimmen erhalten.

20 Trotz der <u>intensiven</u> Bemühungen der Verkäufer hat der Umsatz stagniert.

21 Wir werden ihnen raten, einen <u>Intensiv</u>kurs für Kommunikation zu besuchen.

22 Die medizinische Forschung kann nur durch großzügige Subventionen <u>forciert</u> werden.

23 Das Budgetdefizit <u>zwingt</u> die Ministerien, ihre Ausgaben zu verringern.

24 Das ist die Tabelle, die den Energieverbrauch in den OECD-Ländern <u>zeigt/ darstellt</u>.

25 Die Tabelle <u>zeigt</u>, daß die USA am meisten Energie verbrauchen.

26 Der geliehene Betrag wird nach zehn Jahren <u>zurückgezahlt</u> werden müssen.

27 Man kennt unser Unternehmen auf <u>der ganzen Welt</u>.

28 <u>Alle Welt</u> (jedermann) kennt unser Unternehmen.

29 Der <u>Großteil</u> des Kapitals gehört ausländischen Gesellschaften.

30 Die <u>meisten</u> Österreicher besitzen keine Wertpapiere.

31 Man will _also_ den Kauf von Aktien forcieren.

32 _Dann_ wird die Börse vielleicht einen Aufschwung erleben.

33 _Nach Meinung_ des Vorstandes sollte bald das Kapital erhöht werden.

34 Die Ausgabe junger Aktien könnte _nach_ der Hauptversammlung erfolgen.

35 _Vor_ zwanzig Jahren glaubte niemand an einen Beitritt Österreichs zur EU.

36 _Vor_ der Abstimmung haben die Österreicher viel über diese Frage nachgedacht.

1.b)

37 Der IWF _unterstützt_ die Länder der Dritten Welt mittels Darlehen.

38 Aber viele Länder _halten_ die drakonischen Bedingungen nicht _aus_.

39 Man hätte im 21. Jahrhundert weiterhin den französischen Franc _verwenden_ können.

40 Die alten Banknoten wären aber schon sehr _abgenützt_.

41 Der Verkehrsminister hat den EU-Kommissar _besucht_.

42 Er hat die Gelegenheit genützt, um das Atomium zu _besichtigen_.

43 Welche Schule haben Sie _besucht_?

44 Seit drei Wochen _warten_ wir auf eine Antwort.

45 Wenn der Krieg ausbricht, werden die ausländischen Unternehmer fortgehen.

46 Die OPEC-Vertreter haben Wien verlassen, ohne ein Abkommen unterzeichnet zu haben.

47 Bevor ein Land der Währungsunion beitreten kann, muß es alle Kriterien erfüllen.

48 Es ist schwierig, die Verantwortlichen zu erreichen.

49 Viele europäische Unternehmen leiden unter der starken asiatischen Konkurrenz.

50 Kein österreichischer Sportler wird am Wettbewerb teilnehmen.

51 Zeit ist Geld.

52 Das britische Pfund und der Schweizer Franken gehören zu den harten Währungen.

53 Ich habe die Taschen voller Kleingeld.

54 Dieser Automat nimmt nur Münzen an.

55 Solche Automaten gibt es an jedem Straßeneck.

56 Die Leute glauben, daß ihr Vermögen nicht gefährdet ist.

57 Das Volk möchte von den Politikern ernstgenommen werden.

58 Aufgrund der Inflation ist die Kaufkraft ständig gesunken.

59 Das Sinken der Kaufkraft ist auf die Inflation zurückzuführen.

1.c)

60 Die Kaufleute fürchten, daß der Mehrwertsteuersatz <u>angehoben</u> wird.

61 Der Handwerker möchte, daß ein Obelisk vor seiner Werkstatt <u>errichtet</u> wird.

62 Die Inflationsrate <u>hat sich auf</u> 6% <u>erhöht</u>.

63 In Griechenland <u>beträgt</u> die Rate sogar 15%.

64 Die Privatisierungsserie hat eine Sättigung des Börsenmarktes <u>bewirkt</u>.

65 Die neue Koalition hat die Absicht, radikale Reformen <u>durchzuführen</u>.

2)

66 Dieses Problem ist nicht leicht zu <u>lösen</u>.

67 Der Markt ist durch beträchtliche Zölle <u>geschützt</u>.

68 Die Summe muß in Euro <u>ausgedrückt</u> werden.

69 2002 <u>erwartete</u> niemand einen derartigen Wirtschaftsaufschwung.

70 Ich <u>habe</u> nicht <u>erwartet</u>, so wenig zu verdienen.

71 Die Leute <u>erwarten</u>, daß diese Bank bald in Konkurs gehen wird.

72 Die Ergebnisse entsprechen nicht den <u>Erwartungen</u> des Vorstandes.

73 Der Minister hat die Schaffung neuer <u>Arbeitsplätze</u> versprochen.

74 Die <u>Investitionen</u> dienen dazu, die Produktivität zu steigern.

75 Die <u>Leistungsbilanz</u> weist weiterhin ein Defizit auf.

76 Für die Versicherungspolizze ist der <u>Spediteur</u> verantwortlich.

77 Die derzeitige <u>Finanz</u>krise ist auf Spekulationen zurückzuführen.

78 Nichtsdestoweniger bleibt der Präsident der Zentralbank <u>optimistisch</u>.

79 <u>Theoretisch</u> müßte die Abwertung die Exporte stimulieren.

80 Ich werde Ihnen diesen Brief und <u>diese</u> nützlichen Informationen schicken.

81 Die Führungskräfte haben schon <u>verschiedene/diverse</u> Strategien ausprobiert.

82 Aber <u>zahlreiche</u> Probleme bestehen weiterhin.

83 Der Vorstand will <u>einerseits</u> Rücklagen bilden und <u>andererseits</u> dringende Investitionen durchführen.

84 Eine neue Maschine würde <u>10 Millionen Euro</u> kosten.

85 Laut IWF beträgt die Unterstützung <u>20 Milliarden Dollar</u>.

86 <u>Das</u> entspricht einem Drittel der Verschuldung.

87 <u>Daher</u> wird ein zusätzlicher Kredit notwendig sein.

88 <u>Trotzdem</u> erwartet man nicht, daß die gesamte Schuld zurückgezahlt wird.

3)

89 Man kann verschiedene Kategorien von Gesellschaften unterscheiden.

90 Bei genauerem Hinsehen kann man feststellen, daß ein einziger Kandidat allen Anforderungen entspricht.

91 Der Umsatz ist abhängig vom Gelingen unserer Werbekampagne.

92 Leasing macht es möglich, stets über das neueste Modell zu verfügen.

93 Die Abwertung hat nicht zum erwarteten Aufschwung geführt.

4)

94 Die Produktionskosten sind in Frankreich höher als in Japan.

95 Der Eiffelturm ist sehr hoch.

96 Wir kennen noch nicht die Höhe der Rechnung.

97 Die Höhe des Eiffelturms beträgt 318 Meter.

98 Kürzlich wurde die genaue Höhe des Mount Everest gemessen.

99 Der Umsatz weist eine negative Entwicklung auf.

100 Die Senkung der Zölle wird eine Entwicklung des Handels nach sich ziehen.

101 <u>Volkswirtschaft</u> wird an verschiedenen Universitäten unterrichtet.

102 Die <u>Volkswirtschaften</u> Frankreichs und seiner ehemaligen Kolonien sind eng miteinander verbunden.

103 Die Abwertung sollte positive Auswirkungen auf die Handels<u>bilanz</u> haben.

104 Das Eigenkapital befindet sich auf der Passivseite der <u>Bilanz</u>.

105 Die <u>Steuer</u> wird direkt vom Gehalt abgezogen.

106 Alle Autofahrer werden von der neuen <u>Steuer</u> betroffen sein.

107 Der <u>Überschuß</u> der Handelsbilanz ist auf die schwache Währung zurückzuführen.

108 Der auf die Überproduktion zurückzuführende Getreide<u>überschuß</u> wird vernichtet werden.

109 Die Gründung eines Unternehmens ist ein langwieriger <u>Prozeß</u>.

110 Die Journalisten warten auf das Ergebnis des <u>Prozesses</u> gegen den ehemaligen Minister.

111 Die wichtigsten statistischen <u>Daten</u> stehen im Jahresbericht.

112 Der Brief trägt das gestrige <u>Datum</u>.

113 Die <u>Verabredung</u> wurde auf 16 Uhr verschoben.

114 Die <u>Zahlen</u> stammen aus einem Bericht der OECD.

115 Die <u>Zahl</u> der Arbeitslosen ist von 2,5 auf 3 Millionen gestiegen.

116 Der Erdölpreis unterliegt starken Schwankungen.

117 Die Umweltschützer verlangen eine zusätzliche Besteuerung des Benzins.

118 Sie will einen Salat ohne Öl zubereiten.

119 Unser Warenlager ist 5 Millionen Euro wert.

120 Es gibt im Lager keinen Platz mehr.

121 Die Ausbildung wird durch ein Praktikum im Ausland vervollständigt.

122 Er will seine Ausbildung an einem Gymnasium fortsetzen.

123 Die Bauern fordern ständig neue Subventionen.

124 Wir wollen unseren Urlaub bei einem Bauern in Tirol verbringen.

125 Die Privatisierung des Telekommunikationsbereichs wird in drei Jahren beendet sein.

126 2001 war ein ausgezeichnetes Jahr für die chinesische Wirtschaft.

127 Das Geschäftsjahr hat nicht die erhofften Ergebnisse erbracht.

128 In allen Ministerien wird man sparen müssen.

129 In Krisenzeiten sparen die Leute oft, anstatt zu konsumieren.

130 Jedermann weiß, daß man Ersparnisse haben muß, wenn es der Wirtschaft schlecht geht.

131 Der Computer ermöglicht beträchtliche Personaleinsparungen.

132 Die Inflation hat einen Rückgang des Sparens (der Sparquote) bewirkt.

133 Die neue Sparpolitik zielt darauf ab, das Budgetdefizit zu senken.

134 Der Vorstand hat die Absicht, die Satzung zu ändern.

135 Seit Beginn des Jahrzehnts haben sich die wirtschaftlichen Bedingungen geändert.

136 Die Briten lehnen jegliche Änderung des Abkommens ab.

137 Diese Meinungsänderung hat alle überrascht.

138 Ich habe nicht genug Bargeld bei mir, um bar zu zahlen.

139 Wenn Sie bar zahlen, gewähren wir Ihnen 5% Skonto.

140 Unser Unternehmen liefert seit einem Jahrhundert Qualitätsprodukte.

141 Wir liefern alle Waren frei Haus.

142 Da es sich um einen Fabrikationsfehler handelt, haftet der Lieferant.

143 Der Lieferant hat schon einen Tag Verspätung; er wurde an der Grenze aufgehalten.

144 Die Arbeitgeber hoffen, daß die Steuerlast bald erleichtert wird.

145 Der Beitritt zur WTO (World Trade Organization) hat den Zugang zu den ausländischen Märkten erleichtert.

146 Nachdem sie die Verhandlungen beendet hatten, fühlten sich alle Teilnehmer erleichtert.

147 Der Präsident wurde mit einer Mehrheit von 53% gewählt.

148 Ich habe noch nicht entschieden, wen ich wählen werde (für wen ich stimmen werde).

149 Die Daten wurden bei einer Pressekonferenz mitgeteilt.

150 Man erhält das Visum beim Konsulat.

151 Wir kaufen die Produkte direkt bei einem Bauern.

152 Die Inflation ist gegenüber Juli um 2 Prozentpunkte gestiegen.

153 Das Lager befindet sich gegenüber der Fabrik.

154 Die Politiker stehen einem wirtschaftlichen Desaster gegenüber.

155 Angesichts des wirtschaftlichen Desasters drängt sich eine Sparpolitik auf.

156 Während die Kosten gesunken sind, tendieren die Preise zum Steigen.

157 Holen Sie die Waren, während ich die Rechnung erstelle!

158 Man muß die Inlandsnachfrage ankurbeln, während man gleichzeitig mehr exportiert.

5)

159 Die Beschäftigtenzahl / der Personalstand unterliegt Schwankungen je nach Jahreszeit.

160 Die Personalabteilung verwaltet die Akten von mehr als tausend Arbeit-nehmern.

161 Jeder vierte Arbeitnehmer ist Angestellter; die anderen sind Arbeiter.

162 Die Reform kann entweder die erwerbsfähige Bevölkerung oder die Pensionisten begünstigen.

163 Austauschprogramme vertiefen die Freundschaft zwischen den Völkern.

164 Das Wachstum der Weltbevölkerung beunruhigt viele Leute.

165 Die Einnahmen aus der Privatisierung dienen dazu, das Budgetdefizit auszugleichen.

166 Alle Arten von Einkommen unterliegen Steuern.

167 Unsere Produktpalette umfaßt unter anderem Katzen- und Hundefutter.

168 Derzeit besteht die EU aus 15 Mitgliedern.

169 Das neue Gesetz enthält weniger Verbote als das alte.

170 Wir möchten vermeiden, unnötige Steuern zu zahlen.

171 Die Hauptversammlung hat die vom Vorstand vorgeschlagene Erhöhung des
Grundkapitals verhindert.

172 Die Erbschaft wurde mit 12 Millionen Pfund bewertet.

173 - Eine böse Überraschung für die Erben, die sie auf 20 Mio. geschätzt hatten.

174 Sie schätzen nun (= sind der Ansicht), daß der Notar sich in seinen
Berechnungen geirrt hat.

175 Die schlechte Geschäftsführung der Gesellschafter hat Verluste verursacht
(bewirkt) / nach sich gezogen.

176 Die Veröffentlichung dieser schlechten Ergebnisse hat (sofort) einen
Kurssturz der Aktien hervorgerufen / ausgelöst.

177 Die schlechte Geschäftsführung hat also (indirekt) zum Kurssturz geführt /
den Kurssturz nach sich gezogen.

178 Die Liberalisierung der Regelung hat einen Aufschwung des Detailhandels
bewirkt / nach sich gezogen.

179 Der Beginn des Ausverkaufs hat einen Sturm auf die Qualitätsprodukte hervorgerufen / ausgelöst.

180 Einige / Manche Politiker verteidigen noch immer die Atomtests.

181 Sie behaupten, daß die Auswirkungen nur einige / ein paar kleine Inseln betreffen.

182 Trotzdem haben die Umweltschützer mehrere Demonstrationen organisiert.

183 Im vorigen Jahr sind die Preise der Lebensmittel kaum gestiegen.

184 Im vorangegangenen Jahr (Im Jahr davor) war die Inflationsrate noch sehr hoch gewesen.

185 Im nächsten Jahr werden wir unsere Investitionen stark reduzieren.

186 Im darauffolgenden Jahr (Im Jahr danach) werden wir also über hohe Rücklagen verfügen.

187 Die Portogebühren sind zusätzlich zu bezahlen.

188 Außerdem müssen die Waren noch verzollt werden.

189 Dank der Marktstudie konnte das Unternehmen seine Wettbewerbsfähigkeit verbessern.

190 Wegen / Aufgrund der Konkurrenz werden wir keine neue Filiale gründen.

191 Die Leute kaufen aufgrund des Börsenaufschwungs immer mehr Aktien.

192 Der Generaldirektor mußte wegen / infolge Insider-Trading zurücktreten.

193 Im Notfall gewährt die Bank einen kurzfristigen Kredit.

194 Im Fall eines Überschusses werden die Preise gesenkt; im Fall einer schlechten Ernte werden sie erhöht.

6)

195 Die Gewinn- und Verlustrechnung ermöglicht es, den Gewinn oder den Verlust eines Unternehmens zu errechnen.

196 Die WTO (World Trade Organization) regelt den Welthandel.

197 Der Absatz von Software steigert sich rascher als der von Hardware.

198 Ein Defizit der Handelsbilanz bedeutet, daß der Import von Waren den Export übersteigt.

199 Die Verringerung der Beschäftigtenzahl / des Personalstands ist kein Wunder-(heil)mittel.

200 Wir müssen versuchen, so schnell wie möglich unser gesamtes Lager abzusetzen.

201 Die Konservativen haben die letzte Parlamentswahl gewonnen.

7)

202 Die Rendite einer Investition hängt vom eingegangenen Risiko ab.

203 Die Auslagerung der Produktion ist für die Arbeitslosigkeit verantwortlich.

204 Der Chefredakteur selbst hat die Reportage geschrieben.

205 Hier sind die Ergebnisse der letzten Umfrage des französischen Statistischen Zentralamts.

206 Wir ersuchen Sie, uns (noch) vor Ende des Monats ein Angebot zu unterbreiten.

207 Der Nennwert einer Aktie ist niedriger als ihr Ausgabekurs.

208 Wir kennen nicht den Grund für diese Entscheidung des Verwaltungsrats.

209 Der Anteil der Dienstleistungen am BSP ist in den letzten Jahren ständig gestiegen.

210 Ein Teil unserer Kunden ist unzufrieden mit unserem Kundendienst.

211 Die RPR ist die (politische) Partei der Gaullisten in Frankreich.

212 Der Konzern besteht aus einer Holding(gesellschaft) und einer ganzen Reihe von Töchtern.

213 Worin besteht die Rolle der Abschlußprüfer in einer AG?

214 Sie üben eine gewisse Kontrolle über die Gebarung der Gesellschaft aus.

215 Die Inhaber von stimmrechtslosen Aktien erhalten / beziehen eine Vorzugs-dividende.

216 'Excellence', das heißt Perfektion auf allen Gebieten / in allen Bereichen.

217 Man ist nicht reich mit einer Million Alter Francs, denn das entspricht nur 10.000 Neuen Francs, das sind ca. 1500 Euro.

218 China zählt / hat mehr als eine Milliarde Einwohner.

219 Er sprach vom Budget, ohne eine einzige Zahl zu nennen.

220 Diese Graphik zeigt die Entwicklung der Inflationsrate.

8)

221 Die Lage unserer Branche hat sich sehr verändert.

222 So hat sich unser Absatz im Laufe des letzten Geschäftsjahres verdoppelt.

223 Aber der unserer Konkurrenten hat sich sogar verdreifacht.

224 Der Umsatz der ganzen Branche steigt / erhöht sich weiterhin.

225 Außerdem sinkt / verringert sich die Verschuldung der Unternehmen.

226 Der Gewinn der drei Branchenleader wird heuer 5 Milliarden Dollar betragen.

227 Die Analysten erwarten, daß im nächsten Jahr eine neue Rekordzahl erreicht wird.

228 Man erwartet also einen regelrechten Boom.

9)

229 Die Kaufleute sind die Hauptnutznießer eines Beitritts zur EU. Dieser Beitritt kommt auch der Industrie zugute. Andere Bereiche haben davon immer viel weniger profitiert.

230 Wir finanzieren unsere Expansion nach Osten nicht selbst. Die Geldgeber, die
sie finanziert haben, haben unsere Finanzen gut kontrolliert, bevor sie uns diese
Finanzierung gewährt haben.

231 Beim Erwerb eines Unternehmens erwirbt der Erwerber nicht nur die
Gebäude und die Maschinen, sondern auch den Firmennamen. Die sozialen
Errungenschaften der Belegschaft des Unternehmens, das er erworben hat, kann
er jedoch in Frage stellen.

232 Die Gewerkschaften sehen sich als Förderer der Rechte der Arbeitnehmer. Sie
tragen zu ihrem sozialen Aufstieg bei und fördern ihre Vertretung in den
Unternehmen. Sie haben aber in der Vergangenheit nicht immer das
Wirtschaftswachstum gefördert.

233 Wir lösen alle unsere Probleme legal, weil wir beschlossen haben, sie so zu
lösen.

234 Die Verträge sind gestern abgeschlossen worden. Daraus schließe ich, daß alle
Probleme gelöst sind.

235 Unser Partner hat uns eine Zahlungsfrist von 90 Tagen angeboten.

236 Je mehr sie erzeugen, desto mehr senken sie ihre Kosten.

10.a)

237 Die Verringerung des Preises für das Barrel Erdöl in den letzten drei Monaten
wird jene günstige Konjunktur bringen, die die Regierung erhofft und die die
Prognosen für das kommende Geschäftsjahr versprechen.

238 Der Konflikt zwischen dem Exporteur und dem Importeur bezüglich der Zölle
hat keinerlei Einfluß auf den Gegenstand ihres Vertrags.

239 Der zyklische Charakter der Konjunktur ist eine charakteristische
Auswirkung der kapitalistischen Mechanismen.

240 Die drei Hauptprojekte des Parlaments: Erstens, die Subventionen halbieren
(= durch zwei dividieren); zweitens, das Gesetz über die Mehrwertsteuer revi-
dieren; drittens, das Budget sanieren.

241 Die Beschäftigten der chemischen Industrie mit Medizin- oder Chemiediplom
verlangen eine Anpassung ihrer Gehälter, um die Vorteile ihrer Kollegen, die
Anwälte sind, zu kompensieren.

10.b)

242 Mein Assistent hat eine Tendenz in den meisten wirtschaftlichen Disziplinen
(zum Beispiel in der Buchhaltung) festgestellt: Die Ausrüstungsgüter zählen mehr
als die Arbeitnehmer.

243 Die Handelskorrespondenz verwendet eine eher eigentümliche Sprache.

244 Die Geschwindigkeit (= der Rhythmus) der wirtschaftlichen Entwicklung
befriedigt die Regierung, aber ein Handelsbilanzüberschuß ist weiterhin etwas
Außergewöhnliches.

10.c)

245 Die Kurse gewisser / mancher französischer Aktien interessieren auch die Amerikaner (und natürlich die Amerikanerinnen).

246 Die meisten Franzosen und sogar manche Französinnen lehnen es ab, einkaufen zu gehen (= Einkäufe zu machen).

247 Nationale Konflikte lassen soziale Unterschiede (= Ungleichheiten) vorübergehend vergessen.

248 Steuerreformen für eine gerechtere (= gleichere) Verteilung der Einkommen waren Teil der Wahlversprechen der Liberalen.

249 Der positive Saldo unserer Handelsbilanz ist auf unsere aktive Außenhandelspolitik und auf unsere konkurrenzfähigen und modernen Produkte zurückzuführen.

250 Man hat eine deutliche Erhöhung der Bruttoexporte festgestellt.

251 Das Steigen der Einkommen im öffentlichen Sektor / im öffentlichen Dienst hat die Angestellten des privaten Sektors empört.

252 Warum haben die dicken Bücher der wissenschaftlichen Experten niemals Erfolg?

253 - Weil das Publikum lieber die Zusammenfassungen in den Zeitschriften liest.

254 Die OPEC-Länder haben nicht mehr das Monopol für Erdöl.

255 Ich bin ein Spezialist für Informatik-Programme, und trotzdem habe ich Probleme mit meinem Betriebssystem.

10.d)

256 Wenn Sie sich an die Mitglieder des Personals wenden, verwenden Sie bitte
deren berufliche Anschrift.

257 Unter unseren Aktionären haben wir sehr bekannte Persönlichkeiten und
viele hohe Beamte, die unseren traditionellen Führungsstil schätzen.

258 Die letzte Etappe der Währungsunion bedeutete das Ende der nationalen
Währungen und auch des Protektionismus.

259 Er hat die Bestellung annulliert, weil das Produkt auf dem grauen Markt
(= Parallelmarkt) billiger war.

10.e + 10.f)

260 Seit die Zinssätze steigen, kommen Kredite teuer - vor allem für Gesellschaften, die nicht an der Börse notieren.

261 Der Staatssekretär, der Erdöl um 35 Euro pro Barrel einkaufen will, hofft, daß
es keine Probleme geben wird.

262 Einerseits sind Tausende Arbeitsplätze geschaffen worden, andererseits ist /
bleibt die Arbeitslosigkeit weiterhin hoch.

263 Die Institutionen, die vom Staat geschaffen wurden, um das Französische zu
verteidigen, schaffen neue Termini, die die Franzosen fast nie verwenden; man
braucht aber diese Organisationen, die also nicht unnötige Ausgaben darstellen.

264 Unsere Public-Relations-Abteilung hat eine teure, aber vielversprechende
Maßnahme erfunden: Sie kauft Fernsehanstalten, weil wir hoffen, daß unser
Generaldirektor Premierminister werden könnte.

Faux amis et pièges
du français économique
Traductions et commentaires

1)   Faux amis
(Le mot ne signifie pas ce que l'on pourrait croire)

1.a) allemand

la filiale   ≠   la succursale
die Tochtergesellschaft   die Filiale

La filiale est une société contrôlée par une société mère; mais c'est une société à part entière, qui a souvent une autre nationalité que la mère.

La succursale n'a pas d'autonomie; elle n'est qu'un établissement secondaire d'une entreprise, par exemple un point de vente. La succursale d'une banque s'appelle aussi **agence (f.)**.

la souscription   ≠   la signature
die Zeichnung   die Unterschrift die Unterzeichnung

La souscription, c'est l'engagement, lors d'une émission de titres, d'en acquérir un certain nombre et de les payer le moment venu.
souscrire (à) une action / un emprunt = *eine Aktie / Obligation zeichnen*
le délai de souscription = *die Zeichnungsfrist*

la chance	≠	la possibilité
das Glück		*die Möglichkeit* *die Chance*

Remarque:

En français, le mot **chance** ne signifie **possibilité, probabilité** que lorsqu'il est employé au pluriel:

il y a de fortes chances que = *es ist sehr wahrscheinlich, daß*
les chances de succès = *die Erfolgschancen*
l'égalité des chances = *Chancengleichheit*

la démonstration	≠	la manifestation
die Beweisführung *(mathematisch)* *die Vorführung* *(eines Gerätes)*		*die Demonstration* *(politisch)*

manifester = *demonstrieren*; **une manif** = *eine Demo*

le concours	≠	la faillite
die Ausleseprüfung		*der Konkurs*

Un concours est un examen où le nombre de candidats qui seront reçus est fixé à l'avance; les grandes écoles en France, mais aussi la fonction publique, recrutent **sur concours**.

faire faillite = *in Konkurs gehen*

un index   ≠   **un indice**

ein Register   *ein Index*
(in einem Buch)   *(statistisch)*

l'index

der Zeigefinger

---

triste   ≠   **graue**
                difficile
                morose

traurig   *trist*
(Seelenzustand)   *(Lage, Situation)*

Le mot français **triste** a subi un glissement de sens: le mot allemand *trist* ne signifie plus *traurig*, mais *trostlos, aussichtslos*.

---

actuel   ≠   **d'actualité**

derzeitig   *aktuell*

actuellement, à l'heure actuelle = *derzeit*

---

effectif   ≠   **efficace**

tatsächlich   *effizient*

(conservatif)   ≠   conservateur

(konservativ)   konservativ
(Philosophie)   (Politik, Einstellungen...)

---

conservatif: variante très rare, utilisée quelquefois en philosophie, jamais en politique

---

(intensif)   ≠   intense

Intensiv-   intensiv
(Kurs etc.)   (allgemein)

Chacune des deux variantes a son propre domaine, ses contextes typiques:

un traitement intensif = *eine Intensivbehandlung*
un cours intensif = *ein Intensivkurs*
la culture intensive = *die intensive Bodenbewirtschaftung*

mais:
un sentiment intense = *ein intensives Gefühl*
une couleur intense = *eine intensive Farbe*
un froid intense = *eine intensive Kälte*
une douleur intense = *ein intensiver Schmerz*
un effort intense = *eine intensive Anstrengung / Bemühung*

---

forcer   ≠   promouvoir
              encourager

zwingen   fördern
                 forcieren

---

forcer quelqu'un à faire quelque chose
être forcé de faire quelque chose

montrer ≠ **représenter**

(mit einer Geste) zeigen   *zeigen (im Sinne von*
beweisen   *darstellen)*

On peut **montrer** quelque chose **du doigt**; on peut aussi **montrer**
= **démontrer** quelque chose avec des preuves ou avec un
raisonnement. Mais un symbole ou un graphique **représentent** des
phénomènes réels.

(repayer) ≠ **rembourser**

wieder zahlen   *zurückzahlen*
noch einmal zahlen

tout le monde ≠ **le monde entier**

alle Welt   *die ganze Welt*
alle Leute
jedermann

dans le monde entier = *in / auf der ganzen Welt*

la plupart des ≠ **la plus grande partie de**
+ pl.   **+ sg.**

die meisten   *der Großteil (von)*
+ Pl.   *+ Sg.*

p.ex. **la plupart des pays, la plus grande partie d'une somme**

Remarque:

La plupart ne s'emploie qu'avec les noms au pluriel, ou plus précisément, avec les noms qui sont des pluriels véritables (choses que l'on peut compter). Des mots comme **les recettes, les effectifs**, etc. (voir p.63) ne sont pluriels que par la forme, et ne peuvent donc pas se combiner avec **la plupart**: ~~la plupart des recettes, des bénéfices, des effectifs~~, mais: **la plus grande partie des recettes, des bénéfices, des effectifs**.

alors	≠	**donc**
dann		*also*
(temporal)		*(konsekutiv)*

après	≠	**d'après, selon**
nach		*laut, gemäß*
(temporal)		*nach Meinung von*
nachher, danach		

avant	≠	**il y a**
vor		*vor*
(+ Zeitpunkt od. Ereignis)		*(+ Zeitraum)*
vorher, davor		

avant la guerre = *vor dem Krieg*
avant 1938 = *vor 1938*
il y a 60 ans = *vor 60 Jahren*
pendant la guerre et avant / après
                = *während des Krieges und davor / danach*

1.b) anglais

supporter	≠	**soutenir**
ertragen, aushalten *(Unangenehmes)*		*unterstützen* angl. *to support*

soutenir quelqu'un = *jemanden (z.B. finanziell) unterstützen*

user	≠	**utiliser** **se servir de**
abnützen		*(be)nützen* *verwenden* angl. *to use*

mais:
user de quelque chose = *etwas anwenden,*
p.ex. **user de créativité** = *Kreativität entfalten, einsetzen*

visiter **(quelque chose)**	≠	**rendre visite à, aller voir** **(quelqu'un)**
(etwas) *besichtigen*		*(jemanden)* *besuchen* angl. *to visit* *(someone)*

---

attendre ≠ **fréquenter (une école)**

warten (auf)   *(eine Schule) besuchen*

angl. *to attend (a school)*

---

quitter qn./qch. ≠ **partir**

jn. / etwas verlassen   *fortgehen*

angl. *to quit*

---

joindre qn. ≠ **adhérer à**

jn. erreichen   *beitreten zu*

angl. *to join*

---

l'adhésion (f.) à = *der Beitritt zu*
un adhérent = *ein Mitglied*
(mais: *Mitglied von... sein* = **être membre de...**)

---

la compétition ≠ **la concurrence**

der (sportliche) Wettbewerb   *die Konkurrenz der Wettbewerb (Wirtschaftsleben)*

angl. *competition*

---

la concurrence déloyale = *der unlautere Wettbewerb*
la distorsion de concurrence = *die Wettbewerbsverzerrung*

mais:

la compétitivité = *die Wettbewerbsfähigkeit, die Konkurrenz-fähigkeit*

compétitif = *wettbewerbsfähig, konkurrenzfähig*

(Voir aussi p.79.)

la monnaie	≠	**l'argent**
die Währung		*Geld*
		angl. *money*

L'argent signifie aussi *Silber.*

la petite monnaie = *Kleingeld, Wechselgeld*
Vous avez la monnaie? = *Haben Sie's klein?*
rendre la monnaie = *herausgeben,*
p.ex. « **Cet appareil ne rend pas la monnaie.** »

les coins (m.pl.)	≠	**les pièces de monnaie (f.pl.)**
die Ecken		*die Münzen*
		angl. *coins*

les billets de banque = *Banknoten, Geldscheine, Papiergeld*

le peuple	≠	**les gens**
das Volk		*die Leute*
		angl. *people*

(Dû à)	≠	**Par suite de**
		En raison de
der zurückzuführen ist auf		*Infolge*
der zurückgeht auf		*Aufgrund*
		angl. *Due to*

En français, **dû à / due à / dus à / dues** à dispose toujours d'un sujet à lui, qui peut facilement être identifié: **quelque chose est dû à quelque chose.**

Le chômage est dû à la désinflation = *Die Arbeitslosigkeit ist auf die Desinflation zurückzuführen.*

Le chômage, dû à la désinflation... (ou: **Dû à la désinflation, le chômage...**) = *die Arbeitslosigkeit, die auf die Desinflation zurückzuführen ist...*

1.c) français

		élevé	
		hoch (Wert)	
mais:	**élever qch.**	≠	**relever, augmenter qch.**
	etwas errichten, erziehen, züchten		*etwas erhöhen, anheben, steigern*
	s'élever à	≠	**s'accroître, augmenter (pour passer à)**
	betragen		*sich erhöhen, steigen (auf)*

élever un monument
élever des enfants, élever des moutons
relever / augmenter un impôt, un taux

betragen =
s'élever à, se monter à, être de

sich erhöhen / steigen
um X von Y auf Z =
augmenter / s'accroître
de X pour passer de Y à Z

Voir aussi pp.66-67.

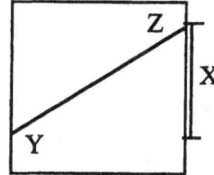

les causes et les effets
die Ursachen und die Wirkungen

mais:	**effectuer**	≠	**causer**
			verursachen
	durchführen		*bewirken*
	vornehmen		
			entraîner
			nach sich ziehen

Voir aussi p.59.

2)   Barbarismes
(Mots qui paraissent français mais qui ne le sont pas)

~~solver~~	→	**résoudre**
		lösen
		angl. *to solve*

la solution = *die Lösung*

Voir aussi p.69.

```
        proteoter      →    protéger

                            schützen

                            angl. to protect
```

la protection = *der Schutz*

```
        expresser      →    exprimer

                            ausdrücken

                            angl. to express
```

l'expression (f.) = *der Ausdruck*

```
        expecter       →    s'attendre à
                            (+ nom ou infinitif)

                            s'attendre à ce que
                            (+ phrase au subj.)

                            erwarten

                            angl. to expect


        les expectations →  les attentes

                            die Erwartungen

                            angl. expectations
```

La racine **expect-** n'existe en français que dans quelques rares expressions: **être / rester dans l'expectative** = *abwarten*.

erwartet (adj.) = **prévu**
p.ex. *die erwarteten Ergebnisse* = **les résultats prévus**

~~une place de travail~~ → **un emploi**

ein Arbeitsplatz

un emploi = *ein Arbeitsplatz* (**un poste** = *ein Posten*)
l'emploi = *die Beschäftigung (Wirtschaftsfaktor)*

le marché de l'emploi / du travail = *der Arbeitsmarkt*

~~une investition~~ → **un investissement**

eine Investition

~~la balance~~
~~de performance~~ → **la balance**
des opérations courantes

die Leistungsbilanz

balance ≠ bilan: voir p.48

~~le spéditeur~~ → **le transitaire**

der Spediteur

~~financiel~~ → **financier, –ière**

finanziell

Pour le verbe **financer** (= *finanzieren*), voir p.68.

~~optimistique~~	→	**optimiste (adj.)**
		optimistisch

~~théorétiquement~~	→	**théoriquement (adv.)**
		theoretisch

~~cettes~~	→	**ces (f.pl.)**
		diese (f.pl.)

Au pluriel, comme les articles et les adjectifs possessifs, les adjectifs démonstratifs français ne distinguent pas le masculin et le féminin.

~~de(s) différents~~	→	**différents**
		verschiedene
~~de(s) divers~~	→	**divers**
		diverse

mais:
de nombreux

zahlreiche

Différents et **divers** ne prennent pas d'article, parce qu'ils fonctionnent eux-mêmes comme des articles (et non pas comme des adjectifs); à comparer avec **plusieurs, quelques, certains,** etc. (voir p.60), qui ont le même statut.

d'un côté,...   →   d'un côté,...
d'autre côté,...   de l'autre,...

einerseits...
andererseits...

Une expression équivalente: **d'une part,...** / **d'autre part,...**
(quelquefois aussi: **d'une part,...** / **de l'autre,...**).
Une faute typique: de l'autre côté.

Andererseits, wenn es nicht mit *einerseits* kombiniert ist:
D'autre part,... mais aussi: **D'un autre côté,...**

10 Mio € → **10 millions d'euros**

10 Millionen Euro

20 Mrds $ → **20 milliards de dollars**

20 Milliarden Dollar

Les **millions** et les **milliards** s'écrivent d'habitude en toutes lettres.
À la différence des autres nombres (p.ex. **trois mille euros**), ils
prennent toujours un **de**.

Les noms de monnaies se mettent au pluriel lorsqu'il s'agit de plus
d'une unité; ce qui est logique, mais différent de la pratique allemande de laisser la monnaie au singulier à moins qu'il s'agisse de pièces
(*100 Euro* ≠ *100 Euros*; en français: **100 euros**).

Expressions qui ne s'emploient pas par écrit:

(ça)   →   **cela**

dies, das (Pron.)

(pour ça)   →   **c'est pourquoi**

daher, deswegen

(Quand même)   →   **Malgré cela**
cependant
pourtant

trotzdem

Il est possible d'employer **quand même** à l'écrit, mais jamais en tête de phrase et uniquement juste après le verbe:

Le chômage a diminué, mais la situation reste quand même inquiétante.

Parmi les trois équivalents, **malgré cela** ne s'emploie qu'en tête de phrase; **cependant** et **pourtant** sont plus mobiles.

À l'oral, **quand même** s'utilise fréquemment, avec des nuances diverses:

Quand même, tu exagères! = *Also wirklich, du übertreibst!*
Tu ne vas quand même pas lui dire la vérité! = *Du wirst ihm doch nicht die Wahrheit sagen!*
Vous auriez quand même pu faire attention! = *Ihr hättet wirklich / immerhin aufpassen können!*

3) À éviter
(Tournures calquées sur l'allemand)

(on peut distinguer) → **on distingue**

man kann unterscheiden *man unterscheidet*

(on peut constater) → **on constate**

man kann feststellen *man stellt fest*

Le français est plus direct que l'allemand dans ce genre de tournures.

Expressions analogues: **on remarque / on voit que...**
(et non pas: ~~on peut remarquer~~ / ~~on peut voir que...~~).

(être dépendant de) → **dépendre de**

abhängig sein von *abhängen von*

(rendre possible) → **permettre**

(möglich machen) *ermöglichen*

---

rendre possible quelque chose = *etwas in den Bereich des Möglichen rücken:* **une politique qui rend le plein emploi possible**
Jamais: ~~rendre possible de + inf., rendre possible que...~~

Dans le sens de *ermöglichen*, **rendre possible** s'emploie surtout au passif:
Les subventions publiques ont permis la construction du nouvel opéra.
Mais: **La construction du nouvel opéra a été rendue possible par les subventions publiques.**

(mener à)   →   **conduire à, entraîner**

an einen Ort führen   *zu etwas führen*
zu etwas   *etwas nach sich ziehen*
(Schlechtem) führen   *(konsekutiv)*
in etwas münden

En général, pour l'expression d'une conséquence, il vaut mieux éviter **mener à**; il est conseillé d'utiliser plutôt **conduire à** ou **entraîner** (voir aussi p.59).

Emplois typiques de **mener à**:
mener à un lieu: **tous les chemins mènent à Rome**
mener à un point final, à un résultat définitif:
mener à la catastrophe / à la débâcle
cela ne mène à rien / cela ne mène nulle part

mener quelque chose à terme
                     = *etwas abschließen, zu Ende führen*
mener quelque chose à bien
                     = *etwas erfolgreich durchführen, zum Erfolg führen*

**4)   Deux (ou plusieurs) mots français
       pour un mot allemand**

---

haut   ≠   **élevé**

hoch   *hoch*
(Gebäude, Berge etc.)   *(Zahlen, Werte etc.)*

---

haut pour les objets matériels, **élevé** pour les nombres

mais:
le haut niveau ou **le niveau élevé des salaires, du chômage, des impôts** (voir p.47)
le haut degré de pénétration du marché
les hautes études
un haut fonctionnaire

la hauteur	≠	le montant (d'une somme)	≠	l'altitude
die Höhe *(Gebäude, Baum...)*		*die Höhe* *(einer Summe),* *der Betrag*		*die Seehöhe*

la hauteur d'un objet   le montant d'une somme
l'altitude d'une montagne, d'un point géographique
C'est le comble! = *Das ist die Höhe!*

Dans d'autres domaines, on traduit *Höhe* par une expression complexe: **le niveau élevé (le haut niveau) d'un pourcentage, d'un taux, d'un indicateur économique** (voir p.46).

à hauteur de (+ chiffre) = *in Höhe von* (+ Zahl)
être à la hauteur de qch. = *einer Sache gewachsen sein*

un développement	≠	une évolution
eine Entwicklung *(Ausweitung, Wachstum,* *Fortschritt)*		*eine Entwicklung* *(Schwanken von Faktoren* *über einen Zeitraum)*

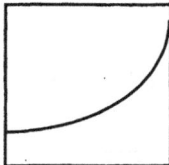

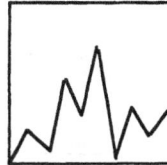

Un phénomène qui **se développe** devient toujours plus ample, plus vaste, plus complexe: **le développement de la dette, le développement économique, un pays en voie de développement.**
On ne parle ni de ~~développement positif~~ ni de ~~développement négatif~~.

Le mot **évolution** signifie: variation dans le temps. C'est un terme neutre. C'est pourquoi on peut parler d'une **évolution positive** ou d'une **évolution négative.**

---

une économie nationale ≠ **l'économie politique**

eine Volkswirtschaft
(= die Wirtschaft
eines Landes)

die Volkswirtschaft
(= Volkswirtschaftslehre)

---

la balance ≠ **le bilan**

die Bilanz
(i.d. Volkswirtschaft
(z.B. Handelsbilanz)

die Bilanz
(i.d. Betriebswirtschaft)
(Unternehmensbilanz)

---

la balance commerciale = *die Handelsbilanz*
la balance des services = *die Dienstleistungsbilanz*
la balance des transferts = *die Transferbilanz*

la balance des opérations courantes = *die Leistungsbilanz*

la balance des paiements = *die Zahlungsbilanz*

---

un impôt ≠ **une taxe**

eine Steuer

eine Steuer
eine Gebühr
eine Abgabe

L'impôt dépend du revenu, **la taxe** dépend de la consommation.

l'impôt sur le revenu = *Einkommensteuer, Lohnsteuer*
l'impôt sur les sociétés = *Körperschaftsteuer*
l'impôt sur la fortune = *Vermögensteuer*

la taxe à la / sur la valeur ajoutée
                   = *Mehrwertsteuer (Umsatzsteuer)*
la taxe sur les chiens = *Hundesteuer*
la taxe téléphonique = *Telefongebühr*

un surplus   ≠   **un excédent**

ein Überschuß   *ein Überschuß*
(an Waren)   *(in einer volksw. Bilanz)*

un excédent: le solde positif d'une balance
(contraire: **un déficit**);
p.ex. **un excédent du commerce extérieur**

un surplus: trop de production, trop de marchandises;
p.ex. **un surplus agricole**

le procès   ≠   **le processus**

der Prozeß   *der Vorgang, der Prozeß*
(juristisch)   *(chemisch,*
                       technisch,
                       administrativ)

la date   ≠   **les données**   ≠   **(un rendez-vous)**

das Datum   *die Daten*   *eine Verabredung*
                   (Informationen)   *(privat oder*
                                          beruflich)
                                          ein Termin

                                          angl. *date*

le traitement (informatique) des données = *EDV*

---

le chiffre	≠	**le nombre**
die Zahl		*die Zahl*
(in einer Tabelle		*die Anzahl*
oder Statistik)		
die Ziffer		

---

un chiffre: une valeur dans une statistique ou un tableau;
souvent au pluriel:
Les chiffres fournis par le ministère sont faux.
Les auteurs ne donnent pas de chiffres précis.
...20 milliards d'euros. Ce chiffre indique que...

le chiffre d'affaires (le CA) = *der Umsatz*

les chiffres (comme en allemand): 0, 1, 2, 3, 4, 5, 6, 7, 8, 9
Un nombre est une suite de **chiffres**:
            le **nombre** 3614 est composé des **chiffres** 3, 6, 1 et 4.

le nombre: le nombre de quelque chose, p.ex. **le nombre de victimes** *(...von Opfern)* / **le nombre des victimes** *(...der Opfer)*

nombre de = de nombreux = *zahlreiche*
Nombre de personnes sont à la recherche d'un emploi.

---

l'huile (f.)	≠	**le pétrole**	≠	**l'essence (f.)**
Öl (Speiseöl)		*Erdöl*		*Benzin*

Attention à l'orthographe: **pétrole** (voir pp.80, 86).

---

les stocks	≠	**le dépôt**
		l'entrepôt (m.)
das Lager		*das Lager*
(= Lagerbestände)		*(= Lagerhaus)*

---

stocker / entreposer quelque chose = *etwas lagern*
être stocké / entreposé = *lagern* i. Sinne v. *im Lager liegen*
les stocks: voir aussi p.63

---

l'éducation (f.)   ≠   **la formation**

die (schulische) Bildung   *die (berufliche) Bildung*
die Erziehung   *die Ausbildung*

---

un paysan, un fermier   ≠   **un agriculteur**

ein Bauer   *ein Landwirt*
(Allgemeinsprache)   *(Fachsprache)*

En allemand, on parle du groupe social et politique en utilisant le terme du langage général, *die Bauern*. En français, on utilise dans ce contexte le terme technique, **les agriculteurs**.

Remarque:
un paysan: quelqu'un qui travaille dans l'agriculture
un fermier: quelqu'un qui exploite une ferme

---

un an   ≠   **une année**   ≠   **un exercice**

ein Jahr   *ein Jahr*   *ein Geschäftsjahr*
(als Zähleinheit) *(als Zeitraum)*

Un an, c'est une unité qui ne sert qu'à être comptée (pensez à des « paquets fermés »: on s'intéresse à leur nombre, mais pas à ce qu'ils contiennent):
j'ai vingt ans
il y a trois ans

Une année, c'est un « paquet ouvert »; on considère ce qui s'est passé une certaine année. Comment a été l'année en question?
une année difficile
les trois plus belles années de ma vie

Un exercice, c'est la période qui sépare deux bilans successifs d'une entreprise; en général, 12 mois (pas toujours!). L'exercice ne commence pas forcément au mois de janvier.
Attention à l'orthographe: **exercice** (voir p.71).

épargner	≠	**économiser**
sparen *(= ansparen)*		*sparen* *(= einsparen)*

économiser = faire des économies
(sens 2 de **économies**, voir ci-dessous):
> utiliser moins (p.ex. moins d'énergie), dépenser moins d'argent

On peut **économiser** beaucoup sans jamais **épargner**.

épargner: mettre de l'argent de côté,
par exemple sur **un livret d'épargne** (= *Sparbuch*)

Lorsque **j'épargne**, je constitue **des économies** dans le sens de *Ersparnisse* (sens 1 de **économies**, voir ci-dessous).

---

l'épargne (f.sg.)	≠	**les économies (f.pl.)**
das Sparen *(als Tätigkeit und als* *Wirtschaftsfaktor)*		*1) die Ersparnisse* *(als Ergebnis)* *2) die Einsparungen*
une politique de rigueur, d'austérité *eine Sparpolitik*		

Les économies, c'est un mot qui a deux sens différents:
1)   **avoir des économies**: résultat de **l'épargne**
2)   **faire des économies** = *einsparen (weniger ausgeben)*

Le verbe **économiser** ne correspond qu'au sens 2, voir ci-dessus.

des mesures de rigueur / d'austérité = *Sparmaßnahmen*
un programme de rigueur / d'austérité
> = *Sparprogramm, Sparpaket*

---

changer   ≠   **modifier**
(sans complément)   **quelque chose**

sich (ver)ändern   *etwas (ver)ändern*

---

quelque chose change
mais:
quelqu'un modifie quelque chose

Utilisé avec complément, **changer** change de sens:
changer de quelque chose = *etwas wechseln*
changer d'emploi, de métier, d'adresse

changer quelque chose,
p.ex. **changer de l'argent, changer 100 euros**
                    = *Geld / 100 Euro wechseln, umtauschen*

se changer = *sich umziehen*

Voir aussi p.66.

---

un changement   ≠   **une modification**

eine Veränderung,   *eine Veränderung,*
ein Wechsel, ein Wandel   *eine Abänderung*
(betr. das Ganze)   *(betr. einen Teil)*

---

la modification d'une loi, d'un texte (concerne par exemple un
                                        paragraphe)

être opposé à la moindre modification

la volonté de changement (en politique)
un changement de programme
un changement de cap   (**le cap** = *das Ziel, die Richtung*)
un changement profond, fondamental

payer (au) comptant	≠	payer en espèces, en liquide
bar zahlen *(= sofort zahlen)*		*bar zahlen* *(= mit Bargeld zahlen)*

payer en espèces / en liquide: avec des billets de banque et / ou de la petite monnaie

payer (au) comptant: payer tout de suite (c'est-à-dire à réception de la facture, au plus tard dans les quinze jours qui suivent)

Un chèque permet de **payer (au) comptant** sans **payer en espèces / en liquide**.

livrer	≠	fournir
liefern *(= anliefern)*		*liefern* *(= beliefern)*

un livreur	≠	un fournisseur
ein Lieferant *(= Spediteur, Zusteller)*		*ein Lieferant* *(= Zulieferbetrieb)*

Le fournisseur produit la marchandise, **le livreur** la transporte.

alléger	≠	faciliter	≠	soulager
erleichtern *(gewichtsmäßig)*		*erleichtern* *(technisch)*		*erleichtern* *(seelisch)*

alléger: léger - lourd (*leicht - schwer*)
faciliter: facile - difficile (*leicht - schwierig*)
soulager: inquiet - soulagé (*besorgt - erleichtert*)

voter ≠ élire	
(pour quelqu'un)	**(quelqu'un)**
wählen	*wählen*
(= seine Stimme	*(= per Wahl*
abgeben)	*in ein Amt rufen)*

Une collectivité peut **élire** quelqu'un. Un simple **électeur** ne peut que **voter pour** le candidat de son choix. Ce n'est pas parce qu'il a **voté pour** un certain candidat que celui-ci **sera** forcément **élu**. **Etre élu**, c'est obtenir la majorité des voix.

une voix = *eine Stimme*
mais:
le droit de vote = *das Stimmrecht*
le vote = *die Abstimmung*

chez ≠ auprès de ≠		lors de à l'occasion de
bei	*bei*	*bei*
(einer Person	*(einer Institution,*	*(= anläßlich)*
zu Hause,	*Gruppe...)*	
im Geschäft...)		

solliciter un crédit auprès d'une banque = *bei einer Bank um einen Kredit ansuchen / einen Kredit beantragen*
solliciter une subvention auprès d'un ministère = *bei einem Ministerium um eine Subvention ansuchen / eine Subvention beantragen*

un sondage, une enquête auprès d'une population = *eine Umfrage bei einer Bevölkerung(sgruppe)*

un succès auprès des clients = *ein Erfolg bei den Kunden*

Il est adjoint auprès du directeur = *Er ist Assistent des Direktors.*

en face de ≠ par rapport à ≠ (face à)		
vis-à-vis de		
gegenüber	gegenüber	angesichts
(Personen, Orten)	(= im Vergleich zu, im Verhältnis zu)	

En face de s'utilise uniquement pour le lieu (question: où?).

Vis-à-vis de peut être utilisé pour un lieu, mais aussi pour une **attitude vis-à-vis de quelqu'un ou de quelque chose.**

se trouver face à qch. (une situation, un problème...)
   = *etwas (einer Situation, einem Problem...) gegenüberstehen*

pendant que ≠ tandis que ≠ tout en		
	alors que	+ participe prés.
		(= tout + gérondif)
während	während	während gleichzeitig
(temporal)	(adversativ)	

pendant que: deux actions qui se passent en même temps

tandis que, alors que: opposition entre deux faits

Ils ont baissé les coûts tout en augmentant les prix (= *Sie haben die Kosten gesenkt und dabei gleichzeitig die Preise erhöht*): une même personne (un même sujet) fait deux choses à la fois - deux choses qui pourraient paraître incompatibles.

5) Distinguez bien!
(Nuances subtiles, mais identiques en allemand)

les ≠ effectifs	le ≠ personnel	les ≠ salariés	les ≠ employés	la ≠ population active
die Beschäf-tigen*zahl*, der Personal-*stand*	das Personal	die Beschäf-tigten, die Arbeitnehmer	die Angestellten	die erwerbs-fähige Bevölkerung

les effectifs: voir aussi p.63

Les ouvriers (= *Arbeiter*) et **les employés** sont **des salariés**.
les ouvriers, les employés, les salariés: voir aussi p.74

La population active regroupe **la population active occupée**
(= *erwerbstätige Bevölkerung*) et les chômeurs.

le peuple ≠	la population
das Volk	die Bevölkerung

le revenu ≠	les recettes (f.pl.)
das Einkommen die Einkünfte	die Einnahmen

les recettes - contraire: **les dépenses (f.pl.)** = *die Ausgaben*

On distingue différents types de **revenus**:
les salaires, les bénéfices, les intérêts...

Attention à l'orthographe: **revenu** (voir p.80).

---

comprendre ≠ **être constitué de** ≠ **contenir**

umfassen	*bestehen aus*	*enthalten*
(Menge -	*(Ganzes -*	*(Gefäß - Inhalt)*
Elemente)	*alle Teile)*	

---

le contenu = *der Inhalt (Gefäß, Text...)*

Avec **être constitué de**, il faut mentionner tous les constituants, qui peuvent être très différents:
Un ordinateur est constitué d'une unité centrale, d'un écran et d'un clavier = *Ein Computer besteht aus einer Zentraleinheit, einem Bildschirm und einer Tastatur.*

Avec **comprendre**, on est libre de ne mentionner que quelques-uns des éléments, et on considère qu'ils sont de même nature:
Le contrat comprend deux clauses monétaires = *Der Vertrag umfaßt zwei Währungsklauseln.*

y compris = *einschließlich, inklusive*

éviter ≠ **empêcher**

vermeiden   *verhindern*

On **évite** (soi-même) de faire quelque chose.
Éviter signifie aussi *ausweichen.*

On **empêche** quelqu'un d'autre de faire quelque chose.
On **empêche** quelque chose (d'arriver).

éviter que (+ subj.):
éviter que quelque chose n'arrive

empêcher que (+ subj.):
empêcher que quelqu'un ne fasse quelque chose

(Remarquez le **ne** explétif dans les deux dernières constructions!)

éualuer	≠	estimer
bewerten		*schätzen*

Éualuer quelque chose (p.ex. une entreprise), c'est lui assigner (= *zuweisen*) une valeur définitive.

Estimer quelque chose, c'est exprimer une supposition sur sa valeur.
estimer quelqu'un: accorder beaucoup de valeur à une personne
estimer que (+ ind.): penser, être d'avis que

conduire à > **entraîner** > **causer** > **prouoquer** > **déclencher**

zu etwas führen	*nach sich ziehen*	*(etwas Negatives) verursachen bewirken*	*(etwas Negatives) hervorrufen*	*auslösen*

Ces cinq termes se trouvent dans un ordre qui va <u>de la cause la plus indirecte à la plus directe</u>. Ils ne sont pas strictement distincts; leurs sens se recoupent plutôt deux par deux. Par exemple:

        conduire à ≈ **entraîner**,
et   **entraîner** ≈ **causer**,
mais **conduire à** ≠ **causer**.

conduire à: cause lointaine, indirecte;
erreur à éviter: ~~mener à~~ dans le sens de *zu etwas führen, etwas nach sich ziehen* (voir p.46)

entraîner: cause qui peut être indirecte ou non; terme très employé parce que polyfonctionnel

causer: cause plus directe que *conduire à* et moins directe que *provoquer* et *déclencher*; par opposition à *entraîner*, **causer** s'emploie uniquement avec des conséquences négatives: **causer des dépenses, causer des dégâts, causer la mort de quelqu'un**

provoquer: presque aussi direct que *déclencher*; le plus souvent avec quelque chose de négatif: **provoquer un choc, une crise, une réaction, des pertes...**
erreur à éviter: ~~provoquer~~ pour une cause indirecte ou avec quelque chose de positif: ~~provoquer une augmentation des bénéfices~~

déclencher: cause immédiate; quelqu'un « appuie sur un bouton »: **déclencher un plan, un mouvement;**
quelquefois il s'agit de « la goutte qui fait déborder le vase »
(= *der Tropfen, der das Faß zum Überlaufen bringt*):
C'est un attentat qui a déclenché la guerre.

quelques	≠	certains	≠	plusieurs
einige *(= ein paar, wenige)*		*einige* *(= manche, gewisse, bestimmte)*		*mehrere*

Quelques et **certains** signifient tous les deux qu'il n'y a pas beaucoup d'éléments. Mais leur équivalent allemand *einige* a deux nuances de sens différentes:

quelques suggère qu'il y en a peu, que leur nombre n'est pas à prendre au sérieux (negative Bewertung der Anzahl);

certains signifie qu'il ne s'agit pas de n'importe lesquels (nicht beliebig).

dernier (/ passé)	≠	**précédent**
voriger		*vorheriger* *vorangegangener*
prochain	≠	**suivant**
nächster *kommender*		*folgender* *darauffolgender*

l'année dernière / prochaine: par rapport à cette année
l'année précédente / suivante: par rapport à une autre année,
qui sert d'année de référence

...en plus   ≠   **De plus,...**

...zusätzlich   Außerdem...

De plus (= En outre) (en début de phrase): on ajoute un argument.

...en plus (après un nom): on ajoute des éléments (supplémentaires).

---

grâce à   ≠   **...à cause de**   ≠   **en raison de**

dank   wegen   wegen
*   aufgrund*
*   infolge*

---

grâce à: conséquence positive
à cause de: conséquence négative
en raison de: neutre

On n'utilise pas **à cause de** en début de phrase.

---

en cas de...   ≠   **dans le cas d'un...**
                       dans le cas du...

im Fall von   im Fall eines...,
im ...-fall   im Fall des...,
...-falls   handelt es sich um...
(hypothetisch, negativ)   (real, Einteilung)

La différence concerne d'abord la construction:
en cas de se construit avec un nom sans article, **dans le cas de** se construit avec un nom accompagné de l'article indéfini ou défini.

Pour ce qui est du sens, **en cas de** se réfère à un événement hypo-thétique, le plus souvent négatif: **en cas d'incendie, de litige, de difficultés, de problèmes, de pertes, de conflit.**

Dans le cas d'un / du choisit un item d'une liste pour l'opposer à d'autres: **dans le cas d'un adulte / dans le cas d'un enfant; dans le cas d'un membre du personnel / dans le cas d'un étudiant; dans le cas du Mali; dans le cas de la France.**

6) Mots à employer au pluriel
(Le pluriel domine ou possède un sens particulier)

les bénéfices (m.pl.)	*der Gewinn*
	die Gewinne
les pertes (f.pl.)	*der Verlust*
	die Verluste

En français, **bénéfice(s)** et **perte(s)** s'emploient plus volontiers au pluriel qu'au singulier; en allemand, on préfère le singulier.

Le profit est un équivalent de **bénéfice(s)**, mais ce mot s'emploie rarement, car il a d'habitude une nuance péjorative (= *der Profit*). Exception: **le compte de pertes et profits = le compte de résultat** = *die Gewinn- und Verlustrechnung*.

les échanges (m.pl.)	*der Handel*

Bien sûr, on peut aussi dire **le commerce**.

un échange (sg.) = *ein Austausch*

les ventes (f.pl.)	*der Absatz*

Dans cet exemple (comme dans l'exemple précédent), l'équivalence d'un pluriel français et d'un singulier allemand n'est pas une simple tendance, mais une règle fixe.

la vente (sg.) = *der Verkauf (als Vorgang)*

les importations (f.pl.)	der Import
	die Importe
les exportations (f.pl.)	der Export
	die Exporte

On distingue:

les importations / les exportations (pl.): l'ensemble des marchandises importées / exportées, leur valeur ou leur volume;

l'importation / l'exportation (sg.): l'action d'importer / d'exporter; par exemple:
L'exportation de produits alimentaires est interdite = *Der Export / das Exportieren von Lebensmitteln ist verboten.*

Il existe aussi l'expression **une entreprise d'import-export,** calquée sur l'allemand.

| les effectifs (m.pl.) | der Personalstand |
| | die Beschäftigtenzahl |

Voir aussi p.57.

| les stocks (m.pl.) | das Lager |
| | die Lagerbestände |

Voir aussi p.50.

| les élections (f.pl.) | die Wahl |
| | die Wahlen |

Dans cet exemple, il s'agit simplement d'une tendance à l'emploi du pluriel, nettement plus forte en français qu'en allemand.

7)   Masculin - féminin

Les mots en **-ment** et en **-age** sont en général masculins!	
le rendement	*der Ertrag, die Rendite*
le chômage	*die Arbeitslosigkeit*
le reportage	*die Reportage*
le sondage	*die Umfrage*

une offre	*ein Angebot*

la valeur	*der Wert*

la raison	*der Grund*

la part	*der Anteil*
la partie	*der Teil*
le parti politique	*die politische Partei*

la part de quelqu'un / quelque chose dans quelque chose
              = *der Anteil von etwas / jemandem an etwas*

le groupe	die Gruppe, der Konzern

le rôle	die Rolle
le contrôle	die Kontrolle

le dividende	die Dividende

le domaine	der Bereich

Ce qui induit en erreur, c'est l'expression allemande *die Domäne*.

un million	eine Million
un milliard	eine Milliarde

Voir aussi p.43.

le chiffre	die Ziffer, die Zahl

Voir aussi p.50.

le graphique	die Graphik

8) Réflexivité
(Verbes qui se construisent avec ou sans se)

changer	*sich verändern*

Voir aussi p.53.

doubler	*sich verdoppeln*
tripler	*sich verdreifachen*

quadrupler = *sich vervierfachen*
quintupler = *sich verfünffachen*
décupler = *sich verzehnfachen, sich stark ausweiten*
mais:
se multiplier par six, sept, etc.
être multiplié par six, sept, etc.
                    = *sich versechsfachen, versiebenfachen usw.*

doubler / tripler qch. = *etwas verdoppeln / verdreifachen*

Attention à l'orthographe: **tripler** (un seul **p**)!

augmenter / s'accroître	*steigen / sich erhöhen*
diminuer / se réduire	*sinken / sich verringern*

En français comme en allemand, il existe une variante réflexive et une variante non réflexive qui sont synonymes.

Une autre expression pour **diminuer / se réduire** serait **baisser**.

croître = *wachsen*

s'élever à / être de	*betragen*

autre équivalent: **se monter à** (voir aussi pp.38-39).

s'attendre à **(+ nom ou infinitif)**	*etwas erwarten*
s'attendre à ce que **(+ subj.)**	*erwarten, daß*

attendre qn. / qch. = *auf jn./etw. warten*
Voir aussi p.40.

9)   Verbes difficiles

bénéficier de qch.	*von etw. profitieren*
bénéficier à qn.	*jm. zugute kommen*

je bénéficie **tu bénéficies** **il/elle bénéficie**	**nous bénéficions** **vous bénéficiez** **ils/elles bénéficient**

j'ai bénéficié

le(s) bénéfice(s)	*der Gewinn*
le bénéficiaire	*der Nutznießer* *der Begünstigte*

À la place de **bénéficier,** on peut aussi utiliser **profiter de / à.**

Les germanophones ont tendance à oublier le **i** dans **bénéficier** et à rajouter un **i** dans **financer.**

financer	finanzieren
je finance tu finances il/elle finance	nous finançons vous financez ils/elles financent
j'ai financé	
les finances	die Finanzen
le financement	die Finanzierung
le financier	der Financier, Geldgeber

acquérir	erwerben
j'acquiers tu acquiers il/elle acquiert	nous acquérons vous acquérez ils/elles acquièrent
j'ai acquis	
une acquisition	eine Erwerbung
un acquis	eine Errungenschaft
un acquéreur	ein Käufer, Erwerber

les acquis sociaux = *die sozialen Errungenschaften*

promouvoir	fördern
je promeus tu promeus il/elle promeut	nous promouvons vous promouvez ils/elles promeuvent
j'ai promu	
la promotion	die Förderung
le promoteur	der Förderer

Un verbe très difficile; mais en général, l'étudiant n'en utilisera activement que l'infinitif et le participe passé.

De plus, on peut très souvent remplacer ce verbe par **encourager** (mais attention, difficulté d'orthographe: **nous encourageons**).

la promotion des ventes = *die Verkaufsförderung*
la promotion sociale = *der soziale Aufstieg*

Autres traductions de **promotion**:
1) *Beförderung (im Unternehmen)*
2) *Jahrgang einer Eliteschule*

résoudre	lösen
je résous tu résous il/elle résout	nous résolvons vous résolvez ils/elles résolvent
j'ai résolu	

Voir aussi p.39.

conclure	(ab)schließen
je conclus tu conclus il/elle conclut	nous concluons vous concluez ils/elles concluent
j'ai conclu	

conclure un contrat = *einen Vertrag abschließen*

la conclusion = *der Schluß (der logische Schluß, der Schluß eines Textes), der Abschluß (z.B. eines Vertrages)*

offrir	*anbieten, schenken*
j'offre tu offres il/elle offre	nous offrons vous offrez ils/elles offrent
j'ai off<u>ert</u>	

Le participe passé de **offrir (off<u>ert</u>)** est formé comme celui de **ouvrir (ouv<u>ert</u>)**.

réduire	*verringern*
je réduis tu réduis il/elle réduit	nous rédui<u>s</u>ons vous rédui<u>s</u>ez ils/elles rédui<u>s</u>ent

produire	erzeugen

je produis	nous produi**s**ons
tu produis	vous produi**s**ez
il/elle produit	ils produi**s**ent

Réduire et **produire** ne sont <u>pas</u> des verbes du deuxième groupe; c'est pourquoi ils n'ont <u>pas</u> **ss** au pluriel, mais **s**:

finir (2ᵉ groupe) → **nous fini**<u>**ss**</u>**ons**
mais:
réduire (3ᵉ groupe) → **nous rédui**<u>**s**</u>**ons**
produire (3ᵉ groupe) → **nous produi**<u>**s**</u>**ons**

10) La lettre qui fait la différence
(Problèmes de morphologie et d'orthographe)

10.a) Écoutez bien!

un ba<u>ril</u>	ein Faß
	ein Barrel
	angl. *ba<u>rrel</u>*

un ba<u>ril</u> de pétrole = *ein Faß / Barrel Erdöl*
le pé<u>tro</u>le: voir aussi pp.50, 80, 86

un exerci<u>ce</u>	ein Geschäftsjahr
	eine Übung
	angl. *exerci<u>se</u>*

Voir aussi p.51.

| le pro**n**os**tic** | die Pro**g**nos**e** |

| la con**j**on**c**ture | die Konj**u**nktur |

| la dimin**u**tion | die Verringerun**g** |
| | angl. *dimin**u**tion* |

~~Diminua**tion**~~ ou ~~diminui**tion**~~ n'existent ni en français ni en anglais.

une adap**t**a**tion**	eine Anpassun**g**
	eine Adaptierun**g**
	eine Adapt(at)ion

| la ch**i**mie | die Ch**e**mie |
| ch**i**mique | ch**e**misch |

| la méd**e**cine | die Med**i**zin |

| fav**o**rable | günstig |
| | angl. *fav**ou**rable* |

le gouvernement	*die Regierung*
	angl. *government*

le parlement	*das Parlament*

l'exportateur	*der Exporteur*
l'importateur	*der Importeur*

deuxièmement	*zweitens*
troisièmement	*drittens*

le caractère	*der Charakter*
caractéristique	*charakteristisch*

diviser	*dividieren*
réviser	*revidieren*

assainir	*sanieren*

un eff**et**	ein Eff**ekt**, e. Auswirkung
un contr**at**	ein Kontr**akt**, ein Vertrag
un pro**jet**	ein Pro**jekt**
un ob**jet**	ein Ob**jekt**
un su**jet**	ein Sub**jekt**, ein Thema
un confl**it**	ein Konfl**ikt**

au sujet de = *bezüglich*

un mois	ein Mo**n**at

moin**s** = *weniger*

le sal**aire**	das Gehalt
≠	
le sal**arié**	der Arbeitnehmer

l'ou**v**rier (*Arbeiter*) ⎫
     – la paie (*Lohn*) ⎬ **les salariés** (*Arbeitnehmer*)
l'employé (*Angestellter*) ⎪ – **les salaires**
     – le salaire (*Gehalt*) ⎭   (*Löhne und Gehälter*)

Voir aussi p.57.

un av̲ocat	ein Anwalt (A̲dvokat)
un av̲antage	ein Vorteil
	angl. a̲dvantage

10.b) La différence ne s'entend pas

par exe̲mple	zum Beispiel
	angl. for exa̲mple

une tenda̲nce	eine Tend̲enz
la corresponda̲nce	die Korrespond̲enz
un assista̲nt	ein Assist̲ent

avoir tendance à faire qch. = *dazu tendieren, etwas zu tun*

le gouver̲nement	die Regierung
	angl. gover̲nment
le dévelop̲pement	die Entwicklung
	angl. develop̲ment
l'équip̲ement (m.)	die Ausrüstung
	die Ausstattung
	angl. equip̲ment

Autre problème d'orthographe: **gouvernement** (voir p.73).
développement: voir aussi p.47

un bien d'équipement = *ein Ausrüstungsgut*

plutôt	*eher*
la plupart	*die meisten*

la plupart des + pl.: voir aussi p.33

un excédent	*ein Überschuß* *(in einer volksw. Bilanz)*
exceptionnel	*außerordentlich*

excédent: voir aussi p.49

compter	*zählen*
la comptabilité	*die Buchhaltung* *das Rechnungswesen*

un comptable = *ein Buchhalter*
la comptabilité nationale
                = *die volkswirtschaftliche Gesamtrechnung*

le rythme	*der Rhythmus* *die Geschwindigkeit*

le langage	*die Sprache*
	angl. *language*

10.c) Terminaisons

certaines (f.pl.)	*gewisse, bestimmte (f.pl.)*
	angl. *certain*
≠	
certains (m.pl.)	*gewisse, bestimmte (m.pl.)*
	angl. *certain*

les Américaines (f.pl.)	*die Amerikanerinnen (f.pl.)*
	angl. *the American*
≠	
les Américains (m.pl.)	*die Amerikaner (m.pl.)*
	angl. *the American*

Pour les deux dernières expressions, il n'y a pas, en anglais, de différence entre le masculin et le féminin, et la terminaison se prononce comme celle du féminin français.

les Françaises (f.pl.)	die Französinnen (f.pl.)
≠	
les Français (m.pl.)	die Franzosen (m.pl.)

Le masculin pluriel de ce mot est identique au masculin singulier.
Attention à la majuscule: **un Français** (voir p.88).

les courses (f.pl.)	die Einkäufe
≠	
les cours (m.pl.)	die Kurse (Börse, Unterricht)

Une course signifie aussi *ein Wettlauf, ein Wettrennen*.

m.sg. **-al**		**f.sg.** **-ale**
national	*national*	nationale
social	*sozial*	sociale
libéral	*liberal*	libérale
égal	*gleich*	égale
fiscal	*steuerlich*	fiscale
électoral	*Wahl-...*	électorale

m.pl. **-aux**	**f.pl.** **-ales**
nationaux	nationales
sociaux	sociales
libéraux	libérales
égaux	égales
fiscaux	fiscales
électoraux	électorales

m.sg.   –if
 	
acti**f**   *aktiv*
positi**f**   *positiv*
compétiti**f**
        konkurrenzfähig
        wettbewerbsfähig
 	
angl. *acti<u>ve</u>*
       positi<u>ve</u>
       competiti<u>ve</u>
	f.sg. –ive
	
	active
	positive
	compétitive

m.pl. –ifs actifs positifs compétitifs	**f.pl. –ives** actives positives compétitives

m.sg. –ic publi**c** *öffentlich*	**f.sg. –ique** publi**que** angl. *publi<u>c</u>*
m.pl. –ics publi**cs**	**f.pl. –iques** publi**ques**

Mais: **caractéris<u>tique</u>, magni<u>fique</u>**, etc. (<u>masculin et féminin</u>).

le public = *die Öffentlichkeit, das Publikum*

m.sg. modern<u>e</u> *modern*	**f.sg. moderne**

m.sg. net	*netto*	**f.sg. nette**	
m.sg. brut	*brutto*	**f.sg. brute**	

Net, nette signifie aussi *deutlich*.

le revenu	*das Einkommen* *die Einkünfte* angl. *revenue*
un résumé	*eine Zusammenfassung* *ein Resumee*
un employé (m.)	*ein Angestellter* angl. *employee (m.+f.)*
une employée (f.)	*eine Angestellte*

revenu: voir aussi p.57
employé: voir aussi p.57

le pétrole	*das Erdöl* angl. *petrol*
le monopole	*das Monopol*

pétrole: voir aussi pp.50, 86

le problème	*das Problem*
	angl. *problem*
le système	*das System*
	angl. *system*
le programme	*das Programm*

Autre problème d'orthographe: **problème** (voir p.86).

le spécialiste	*der Spezialist*
	angl. *specialist*
un expert	*ein Experte*

un expert en économie = *ein Wirtschaftsexperte,*
        (= *ein Experte für Wirtschaft*)
un économiste = *ein Ökonom*

le succès	*der Erfolg*
	angl. *success*

erfolgreich sein = **avoir du succès**

Remarque:
Le français ne connaît pas d'adjectif formé sur **succès**. Il n'existe pas d'équivalent de l'allemand *erfolgreich* (même si les dictionnaires en indiquent).

10.d) Lettre double ou non?

un actio<u>nn</u>aire	*ein Aktio<u>n</u>är*
un fonctio<u>nn</u>aire	*ein Beamter*
	ein Funktio<u>n</u>är

professio<u>nn</u>el, –lle	*professio<u>n</u>ell*
	angl. *professio<u>n</u>al*
traditio<u>nn</u>el, –lle	*traditio<u>n</u>ell*
	angl. *traditio<u>n</u>al*

perso<u>nn</u>el, –lle	*persönlich*
	angl. *perso<u>n</u>al*
la perso<u>nn</u>alité	*die Persönlichkeit*
	angl. *perso<u>n</u>ality*

la personnalité juridique / morale = *die Rechtspersönlichkeit*
le personnel = *das Personal* (voir aussi p.57)

le protectio<u>nn</u>isme	*der Protektio<u>n</u>ismus*

la monnaie	*die Währung*
mais:	
monétaire	*monetär*
	Währungs-...

monnaie: voir aussi p.37

annuler	*annullieren*

parallèle (m.+f.)	*parallel*

La difficulté orthographique concerne aussi bien le français que l'allemand.

une adresse	*eine Adresse*
	angl. *address*
s'adresser à qn.	*sich an jn. wenden, richten*
	angl. *to address someone*

une étape	*eine Etappe*

18.e) Accents

pr**e**sque	*fast, beinahe*

Lorsque le **e** est suivi de deux consonnes (sauf si la deuxième est un **l** ou un **r**), on ne met pas d'accent et pourtant on prononce **è**. (Même effet devant les consonnes doubles et dans la combinaison **ex**-.)

exemples:

e	cs	cs	p**e**rte
e	cs	l	r**è**gle
e	cs	r	m**è**tre
e	cs double		nouv**e**lle
e	x		e**x**ister

d**e**puis	*seit*
pr**e**mier, –ère	*erste(r)*
la m**e**sure	*die Maßnahme*
la r**e**lation	*die Beziehung*
avoir b**e**soin de qch.	*etwas brauchen*

Une mauvaise prononciation (**é**) entraîne une faute d'accent, c'est-à-dire la tendance à mettre un accent aigu là où il n'en faut pas.

Ceci est valable aussi pour le verbe **devenir**:

d**e**venir qch.	*(zu) etwas werden*
je suis d**e**venu	*ich bin geworden*

Remarque:

Il existe en français trois équivalents différents de l'allemand *werden*,
parce que *werden* a trois fonctions différentes en allemand:

1) *werden* + infinitif = futur
ich werde (dich) fressen **je (te) mangerai**

2) *werden* + part. passé = passif
ich werde (von X) gefressen **je suis mangé (par X)**

3) *(zu) etwas werden:*
ich werde verrückt **je deviens fou**

La combinaison de (1) et (2) donne:
ich werde gefressen werden **je serai mangé**

La combinaison de (1) et (3) donne:
ich werde verrückt werden **je deviendrai fou**

---

cher (m.)	*teuer, lieb*
chère (f.)	

coûter cher = *teuer kommen, teuer sein*
(Dans cette expression, **cher** est invariable!)

---

il représente	*er stellt dar*
le/la secrétaire	*der Sekretär*
	die Sekretärin

élevé	*hoch (Zahl, Wert)*
≠	
un élève	*ein Schüler*

élevé: voir aussi p.46

créer	*schaffen*
il/elle a créé	*er/sie hat geschaffen*
il a été créé (m.)	*er wurde geschaffen*
elle a été créée (f.)	*sie wurde geschaffen*

Le premier **é** fait partie du radical du verbe (Stamm). S'y ajoutent les terminaisons des verbes du premier groupe.

le pétrole	*das Erdöl*
	angl. *petrol*
le problème	*das Problem*
	angl. *problem*

Pour les deux mots, voir pp.80-81; pour **pétrole**, voir p.50.

le chômage	*die Arbeitslosigkeit*

Voir aussi p.64.

les intérêts (m.pl.)	*die Zinsen*

l'intérêt (m.sg.) = *das Interesse*
le taux d'intérêt = *der Zinssatz*; le pluriel de cette expression est:
les taux (pl.) d'intérêt (sg.) = *die Zinssätze*

surtout	*vor allem*

Surtout vient de **sur** = *über*, et non pas de **sûr** = *sicher*.

être coté en Bourse	an der Börse notieren

Cette expression est passive en français, mais active en allemand.

une société cotée en Bourse = *eine börsennotierte Gesellschaft*
la cotation en Bourse = *die Notierung (an der Börse)*

Pour la majuscule de **la Bourse**, voir p.88.

d'un côté,... de l'autre,...	einerseits... andererseits...

Voir aussi p.43.

acheter	kaufen
j'achète	nous achetons
tu achètes	vous achetez
il/elle achète	ils/elles achètent
j'ai acheté	

espérer	hoffen
j'espère	nous espérons
tu espères	vous espérez
il/elle espère	ils/elles espèrent
j'ai espéré	

18.f) Majuscules

la **B**ourse	*die Börse*

la bourse (avec minuscule) = *die Geldbörse; das Stipendium*

l'**É**tat	*der Staat*

L'État prend toujours une majuscule,
même au pluriel: **plusieurs États**.
« **L'État, c'est moi!** »: fameuse citation de Louis XIV

l'état (avec minuscule) = *der Zustand*

Remarque:

En général, en français, on ne met pas d'accents sur les majuscules
(**l'Etat**); mais il n'est pas interdit de le faire, notamment pour des
raisons pédagogiques.

un **e**uro	*ein Euro*

mille dollars = *tausend Dollar*

En français, les monnaies prennent des minuscules et non pas des
majuscules comme en allemand.

un **F**rançais	*ein Franzose*
≠	
le **f**rançais	*das Französische*
	die französische Sprache

EXERCICES D'APPROFONDISSEMENT

1)

1.a)

1 Alle Welt kennt den Unterschied zwischen einer Tochtergesellschaft und einer Filiale, weil er in der ganzen Welt der gleiche ist, oder wenigstens in den meisten Ländern.

2 Die Zeichnung der jungen Aktien erfolgt mittels einer einfachen Unterschrift.

3 Um Konkurse und Demonstrationen zu vermeiden, forciert / fördert die Regierung Investitionen. Sie zwingt die Unternehmer fast zum Investieren, indem sie Kredite gewährt, bei denen man den Großteil des geliehenen Geldes / den Großteil der geliehenen Mittel zurückzahlen muß, aber nicht die Gesamtheit.

4 Dank intensiver Anstrengungen hat sie eine Ausleseprüfung bestanden, und das Ministerium hat ihr die Chance gegeben / eröffnet, in Brüssel zu arbeiten. Was für ein Glück!

5 Sprechen wir <u>also</u> von einem <u>aktuellen</u> Problem: Es ist <u>traurig</u>, aber <u>laut</u> den Umfragen ist die <u>heutige / derzeitige</u> <u>konservative</u> Partei für die Wähler nicht attraktiv. <u>Vor</u> drei Jahren, <u>vor</u> den letzten Wahlen, erschien sie noch relativ <u>effi-</u><u>zient</u>; aber <u>danach</u> hat sich ihre Lage verschlechtert und ist heute eher <u>trist</u>.

6 <u>Dann</u> begann er seine <u>Beweisführung</u>: Mit dem <u>Zeigefinger</u> <u>zeigte</u> er auf die Kurve, die die <u>tatsächliche</u> Entwicklung des Verbraucherpreis<u>index</u> <u>zeigte</u>.

1.b)

7 <u>Infolge / Aufgrund</u> der <u>Konkurrenz</u> des Dollars, die auf das Prestige der USA <u>zurückzuführen ist</u>, <u>verwendet</u> niemand mehr unsere heimische <u>Währung</u>.

8 <u>Warten</u> Sie ein paar Jahre: Bald werden die meisten <u>Leute</u>, sogar die <u>Leute</u> aus dem <u>Volk</u>, lieber Kreditkarten <u>ver-</u><u>wenden</u> als (anstelle von) Banknoten und <u>Kleingeld</u>.

9 "Ich habe kein Geld", beklagt sich ein Teilnehmer am Bettler-Wettbewerb, "nur einige Münzen, die schon sehr abgenützt sind - noch dazu in fremder Währung. Und dort drüben im Eck steht schon ein anderer Bettler, der mir Konkurrenz macht."

10 - Ich muß jetzt fortgehen.

- Sie wollen uns schon verlassen?

- Ja; ich muß dringend telefonisch meinen Onkel, den Staatssekretär, erreichen, der mich während meines Studiums unterstützt hat. Ich möchte ihn besuchen, um seiner Partei beizutreten.

11 Ich halte diese Leute nicht aus, die unsere Universität nur besichtigen kommen, ohne die Absicht zu haben, sie tatsächlich zu besuchen.

1.c)

12 Der Finanzminister hat die Steuern erhöht, weil sich seine Ausgaben erhöht hatten und bereits 200 Mrd. Euro betrugen.

13 Die Steuererhöhung hat einen Umschwung der öffentlichen Meinung
bewirkt, der den Premierminister
gezwungen hat, gewisse Veränderungen
in seiner Regierung durchzuführen.

14 Er hat seinem Minister ein Denkmal
gesetzt, und dann hat er ihn zu den
Bauern geschickt, Schweine züchten.

2)

15 Verschiedene / diverse / zahlreiche
Politiker sind zu optimistisch; daher
erwarten sie, die Probleme der
Leistungsbilanz lösen zu können.

16 Diese Erwartungen drücken ein
gewisses Vertrauen in die finanziellen
Maßnahmen aus, die getroffen wurden,
um Arbeitsplätze zu schaffen.

17 Theoretisch kann man nicht erwarten,
daß die Spediteure große Investitionen
tätigen, um die Umwelt zu schützen.
Trotzdem darf man sie nicht verdammen.

18 Einerseits stellen 10 Mio. € einen
großen Betrag dar, andererseits ist das
alles nichts gegenüber 20 Mrd. $.

3)

19 <u>Man kann feststellen</u>, daß die Arbeitslosigkeit, von der <u>man</u> mehrere Arten
<u>untercheiden kann</u>, von der konjunk-
turellen Entwicklung <u>abhängig ist</u>; das
Studium der Konjunktur <u>ermöglicht</u> es
also, Prognosen über die Arbeitslosen-
rate zu erstellen, und <u>führt</u> so <u>zu</u> einer
Anpassung der Wirtschaftspolitik.

4)

20 Die ungünstige <u>Entwicklung</u> der Lei-
stungs<u>bilanz</u> stellt das Hauptproblem der
französischen <u>Volkswirtschaft</u> dar.

21 In der <u>Volkswirtschaft</u> beschäftigt
man sich nicht mit den <u>Bilanzen</u> von
Gesellschaften.

22 <u>Hohe</u> Subventionen werden gewährt,
um die <u>Entwicklung</u> der Landwirtschaft
im <u>Hoch</u>gebirge zu fördern.

23 Die <u>Höhe</u> der Subventionen für den
Erhalt der Wälder ist von der <u>Seehöhe</u>
und von der <u>Höhe</u> der Bäume abhängig.

24 Die Spionin hatte mir versprochen, mir die wichtigsten Daten zu einem bestimmten Datum bei (= anläßlich) einer Verabredung (Termin) gegenüber der französischen Nationalbank mitzuteilen.

25 Kommentieren Sie diese beiden Zahlen: die Zahl von hohen Bergen und die Zahl der Nächtigungen in Tirol.

26 Die französische Bäuerin kocht mit Olivenöl, die texanische Bäuerin mit Erdöl.

27 Im Lager (= Lagerhaus) lagern die Lager (= Lagerbestände).

28 Die französische Handelsbilanz weist seit drei Jahren einen Überschuß auf, während die Bilanz meines Unternehmens seit drei Geschäftsjahren negativ ist - drei schwierige Jahre, während derer ich, trotz Einsparungen in allen Bereichen, nichts sparen (= ansparen) konnte.

29 Das Sparen ist ein wichtiges Kapitel in der Volkswirtschaft. So verringern sich die Ersparnisse der Haushalte bei den Banken stets, wenn der Staat eine Sparpolitik betreibt.

30 Obwohl wir einen Überschuß an Wasserkraft haben, ist es notwendig, Energie und besonders / insbesondere Benzin zu sparen.

31 Die Einführung neuer Einkommen- oder Konsumsteuern würde die Budgetpolitik erleichtern und die politisch Verantwortlichen erleichtern; sie würde aber nicht die Steuerlast erleichtern.

32 Wir liefern eine umfangreiche Palette von Produkten, die wir Ihnen auf Anfrage nach Hause liefern.

33 Wir kontrollieren die Rohstoffe lieber, während sie sich noch bei unserem Lieferanten (= Zulieferer) befinden und bevor er sie dem Lieferanten (= Zusteller) anvertraut, um Überraschungen im Zuge des Produktionsprozesses sowie spätere Rechtsstreitigkeiten und Prozesse zu vermeiden.

34 Ein Scheck ermöglicht es, bar (= sofort) zu zahlen, ohne bar - das heißt, mit Banknoten und Münzen - zu zahlen.

35 Angesichts der schwierigen Lage
haben viele Franzosen bei den Wahlen
den Kandidaten der extremen Rechten
gewählt, obwohl sie wußten, daß er nicht
gewählt werden würde. Diese Veränderung der politischen Landschaft gegenüber den letzten Wahlen zeugte von
einem tiefen Wunsch nach Veränderung.

36 Damit sich die Welt verändert, müßte
man die Haltung der Bauern gegenüber
den Dünge- und Pflanzenschutzmitteln
durch eine spezielle Ausbildung verändern, während man gleichzeitig Ökologie
in die schulische Ausbildung integriert.

5)

37 Das Personal von Klein- und Mittelbetrieben, deren Beschäftigtenzahl stark
gestiegen ist, stellt eine Gruppe benachteiligter Arbeitnehmer dar; das betrifft
die gesamte erwerbsfähige Bevölkerung,
aber die Arbeiter noch stärker als die
Angestellten.

38 Wenn jemand zu Ihnen von der
Bevölkerung eines Landes spricht, ist er
Demograph; jemand, der nur vom Volk
spricht, ist sicher ein nationalistischer
Ideologe.

39 Jemand, der seine Wertpapiere
verkauft, tauscht momentane <u>Einnahmen</u>
gegen eine Verringerung seines regelmäßigen <u>Einkommens</u> / seiner regelmäßigen <u>Einkünfte</u> ein.

40 Der Bericht <u>enthält</u> folgende Feststellung: Der Verwaltungsrat, der <u>aus</u>
etwa zwanzig Personen <u>besteht</u>, <u>umfaßt</u>
viel mehr Männer als Frauen.

41 Die Sparpolitik hat eine Woge der
Unzufriedenheit in der öffentlichen
Meinung <u>bewirkt / nach sich gezogen</u>,
was <u>zu</u> massiven Demonstrationen <u>ge-
führt</u> hat / was massive Demonstrationen
<u>nach sich gezogen</u> hat, die durch ein
merkliches Absinken der Kaufkraft
<u>verursacht / hervorgerufen</u> wurden. Aber
die End-Krise wurde durch Änderungen
der Sozialgesetzgebung <u>hervorgerufen /
ausgelöst.</u>

42 Wenn Sie es stets <u>vermeiden</u>, in
ausländischer Währung zu fakturieren,
wird Sie das gelegentlich daran <u>hindern</u>,
Wechselkursgewinne zu machen.

43 Die Experten schätzen, daß drei
Monate notwendig sein werden / daß
man drei Monate brauchen wird, um
dieses Unternehmen zu bewerten, bevor
man es privatisieren kann. Die Kosten
dieses Vorgangs werden auf 3 Mio. Euro
geschätzt, aber das Ergebnis könnte eine
Euphorie an der Börse auslösen /
hervorrufen.

44 Wegen / Infolge / Aufgrund der
Staatsverschuldung glaubten einige /
manche Spezialisten, daß nur einige / ein
paar Länder die Konvergenzkriterien
rechtzeitig erfüllen würden können. In
Wirklichkeit gelang das mehreren.
Außerdem gibt es bald in der EU ein
Dutzend Länder zusätzlich (ein Dutzend
zusätzliche Länder).

45 Im Fall von Schwierigkeiten / Falls es
Schwierigkeiten gibt laufen wir Gefahr,
im nächsten Jahr und im darauffolgenden
Jahr weniger Gewinn zu machen als im
vorigen Jahr und im Jahr davor. Aber die
Preissenkungen dürften eine Verdoppelung unseres Umsatzes bewirken / nach
sich ziehen.

46 Dank der Subventionen, die aufgrund/
infolge des Budgetüberschusses gewährt
wurden, konnten wir die Verringerung
der Beschäftigtenzahl vermeiden, die
wegen / aufgrund / infolge einer Reihe
von Verlusten notwendig gewesen wäre.

47 Im Fall eines Konkurses zahlt das
Unternehmen einen viel geringeren Teil
seiner Verbindlichkeiten zurück als im
Fall eines Ausgleichs.

6)

48 Seit der Wahl steigen Import und
Export, und der Handel entwickelt sich.

49 Nach dem Verlust im Vorjahr
erwarten wir für heuer einen Gewinn.
Aber die Entwicklung des Lagers, des
Absatzes und der Mitarbeiterzahl ist
noch nicht zufriedenstellend.

7)

50 In einer Reportage wurden die Ergebnisse einer Umfrage über den Hauptgrund der Arbeitslosigkeit veröffentlicht.

51 Der Wert dieser Aktien erklärt sich
ebensosehr durch die Rendite wie durch
die Rolle dieses Konzerns, der die
Kontrolle über einen ganzen Sektor der
Volkswirtschaft ausübt und der soeben
ein öffentliches Übernahmeangebot erfolgreich abgeschlossen hat.

52 Diese Graphik bestätigt, daß ein
Umsatz von einer Million Dollar, ja
sogar von einer Milliarde, in diesem
Bereich eine vollkommen normale Zahl
darstellt.

53 Eine politische Partei besitzt den
Löwenanteil im Kapital dieses Unter-
nehmens und kassiert daher einen großen
Teil der Dividende.

8)

54 Die Lage hat sich nicht verändert:
Trotz guter Konjunktur sinkt / verringert
sich die Arbeitslosigkeit nicht, im
Gegenteil: Sie steigt / erhöht sich.

55 Man erwartet, daß die Arbeitslosenrate, die derzeit ca. 10% beträgt, sich im
Laufe des nächsten Jahrzehnts verdoppelt oder verdreifacht.

9)

56 In der EU <u>kommen</u> einerseits die sozialen <u>Errungenschaften</u> den Arbeitnehmern <u>zugute</u>, andererseits <u>reduzieren</u> die Unternehmen ihre Mitarbeiterzahl, obwohl sie immer mehr <u>produzieren</u>.

57 Die Regierung hat versprochen, daß sie die Budgetprobleme <u>lösen</u> und gleichzeitig die Wirtschaft <u>fördern</u> würde: Sie hat <u>angeboten</u>, die großen Banken zu privatisieren, die von der vorigen Regierung <u>erworben</u> worden waren, welche eine große <u>Förderin</u> des öffentlichen Sektors war.

58 Vor allem das Budget <u>wird</u> von den Privatisierungen <u>profitieren</u>. Diese werden von ausländischen <u>Erwerbern</u> <u>finanziert</u>, die so die heimische Wirtschaft <u>fördern</u>.

59 Das vom <u>Finanz</u>minister <u>geförderte</u> <u>Angebot</u> der heimischen Banken wurde nicht berücksichtigt, und diese <u>schlossen</u> daraus: "Wenn wir die lahmen Enten des Staates <u>erwerben</u>, <u>finanzieren</u> wir das Budgetdefizit, aber wir <u>lösen</u> nicht die Probleme der Branche. Die Alternative dazu ist, daß das Ausland zum <u>Nutznießer</u> der heimischen Wirtschaftsförderung wird."

10)

10.a)

60 Die derzeitige Sparpolitik entspricht
dem sparsamen <u>Charakter</u> des Präsidenten, aber sie ist auch <u>charakteristisch</u> für
die neue Strategie der <u>Regierung</u>.

61 Den <u>Prognosen</u> zufolge wird die
<u>Verringerung</u> des Preises für das <u>Barrel</u>
Erdöl in den kommenden <u>Monaten</u>
<u>günstige</u> <u>Auswirkungen</u> auf die <u>Konjunk-</u>
<u>tur</u> haben.

62 Sowohl der <u>Exporteur</u> als auch der
<u>Importeur</u> profitieren von diesem
<u>Vertrag</u>, dessen <u>Gegenstand</u> der Verkauf
von Flugzeugen ist. Er wird für die
Dauer eines <u>Geschäftsjahres</u> <u>Konflikte</u>
<u>bezüg</u>lich der Preise vermeiden helfen.

63 Die <u>Regierung</u> möchte das Budget
durch folgende Maßnahmen <u>sanieren</u>:
- erstens, die <u>Gehälter</u> in der verstaatlichten Industrie halbieren (= durch zwei
<u>dividieren</u>);
- <u>zweitens</u>, die <u>Vorteile</u> der Arbeitgeber
gegenüber den <u>Arbeitnehmern</u> streichen;
- und <u>drittens</u>, eine <u>Anpassung</u> der Subventionen durchführen.

64 Die Anwälte der chemischen
Industrie fordern, daß das Parlament den
Gesetzesentwurf (= das Gesetzesprojekt)
über die Chemie und die Medizin
revidiert.

10.b)

65 Die EDV-Ausstattung für die Buchhaltung ist teuer, denn die meisten Buchhalter haben die Tendenz, zum Beispiel
sehr große Computer oder hoch-
entwickelte Software zu verwenden.

66 Der Handelsbilanzüberschuß wächst
mit außergewöhnlicher Geschwindigkeit
(= Rhythmus) dank der eher unerwarte-
ten Entwicklung der Infrastruktur, die
von der Regierung initiiert wurde.

67 Er arbeitet als Assistent der kauf-
männischen Leitung, aber er kann weder
Wirtschaftssprache noch Handelskorrespondenz.

10.c)

68 Manche Franzosen (und manche Französinnen) glauben, daß alle Amerikaner Spezialisten für Wall-Street-Kurse und für Informatik-Programme sind, und daß die Amerikanerinnen alle Tage ihre Einkäufe in den modernsten Großmärkten tätigen.

69 In der öffentlichen Meinung ist das Image der Sozialdemokraten positiver als jenes der nationalen Parteien: Sie sind sehr aktiv, wenn es darum geht, das Land konkurrenzfähig zu machen.

70 Die Liberalen verlangen gleiche steuerliche Bedingungen für alle (Leute), was zu ihrem Wahlsieg beitragen könnte.

71 Zusammenfassung: Das Problem dieser Genossenschaft sind die Nettoverluste, die bereits den Bruttowert des Umsatzes übersteigen, infolge / aufgrund / wegen des zu hohen Einkommens der Mitglieder, die gleichzeitig Angestellte sind.

72 Die Erdölproduktion ist kein öffentliches Monopol mehr, weil die meisten Experten am Erfolg dieses Systems zweifeln.

10.d)

73 Die Rechtspersönlichkeit einer AG
hängt weder von ihren Aktionären noch
von ihrem Personal ab.

74 Die professionellen Ökonomen der
französischen Nationalbank, die die erste
Adresse in Währungsfragen ist, sind
gegen den Protektionismus, der die
nationale Währung schwächt.

75 Die nächste Etappe unserer Werbekampagne wird sich an die Beamten
richten, die sehr traditionelle Konsumgewohnheiten haben.

76 Der Aufschwung der Schattenwirtschaft (= "Parallelwirtschaft") könnte die
positiven budgetären Auswirkungen der
Steuerreform annullieren.

10.e + f)

77 Der <u>Staat</u> muß diverse <u>Maßnahmen</u> ergreifen, <u>einerseits</u> gegen die zu <u>hohen</u> <u>Zinsen</u> und <u>andererseits</u> gegen die <u>Arbeitslosigkeit</u>, die ihn <u>teuer</u> kommt.

78 Devisenoptionen wurden <u>vor allem</u> <u>geschaffen</u>, um dem Wechselkursrisiko vorzubeugen; sie <u>notieren</u> auch an der <u>Börse</u>. Es ist zu <u>hoffen</u>, daß sie eines Tages billiger (= weniger <u>teuer</u>) sein werden.

79 Die <u>Beziehungen</u> zwischen <u>Franzosen</u> und Österreichern sind <u>seit</u> <u>fast</u> einem halben Jahrhundert ausgezeichnet; immer mehr Österreicher lernen <u>Französisch</u> und <u>kaufen</u> französische Produkte.

80 <u>Erdöl</u> <u>stellt</u> ein <u>Problem</u> <u>dar</u>; es ist zu <u>teuer</u> <u>geworden</u>, weil die westlichen Länder zu viel davon <u>gekauft</u> haben.

81 Ich habe gerade meinen <u>ersten</u> Computer <u>gekauft</u>; jetzt <u>brauche</u> ich noch eine effiziente <u>Sekretärin</u> und ein paar Millionen <u>Euro</u>, die ich problemlos zu finden <u>hoffe</u>.

CONTRÔLE FINAL

**Cochez la ou les réponse(s) juste(s)! Le corrigé se trouve à la fin.
(Le nombre de réponses justes est indiqué à chaque trou.)**

1. ....(1).......... des cours inquiète tous les ....(2).......... de la Bourse.

Le développement	a	spécialistes	e
La développement	b	spécialists	f
Le development	c	expertes	g
L'évolution	d	experts	h

2. Le graphique ....(1)........... les taux de change et leurs fluctuations.

montre	a	répresente	c
représente	b		

3. C'est à nous de décider, puisque c'est nous qui ....(1)......... le projet.

financons	a	finançions	c
finançons	b	financions	d

4. Il faut ......(1)....... assainir le budget, et ......(1)...... contenter les électeurs.

d'un côté	a	de l'autre côté	d
de l'un côté	b	de l'autre	e
d'une côté	c	d'autre côté	f

5. La balance commerciale affiche pour la première fois un ....(1)..........

surplus	a	exédent	c
excédent	b		

6. Le niveau de vie ....(2)........... pour ....(1).......... la population.

augmente	a	la pluspart de	e
s'augmente	b	la plupart de	f
s'élève	c	la plus grande partie de	g
s'accroît	d		

7. Les salaires et les impôts sont très ....(1)....... dans les pays industrialisés.

hauts	a	élèves	c
élevés	b	élévés	d

8. L'Union européenne a ....(2)........ les investissements touristiques.

forcé	a	promouvu	c
encouragé	b	promu	d

9. Un ouvrier est un .....(1)....., mais il touche une paie et non pas un ....(1)....

salarie	a	salarie	d
salarié	b	salarié	e
salaire	c	salaire	f

10. L'..(2).. 2002 nous a apporté beaucoup de ..(1).., mais un bilan déficitaire.

an	a	revenus	e
exercise	b	revenues	f
année	c	recettes	g
exercice	d	revenue	h

11. La statistique est bien présentée, mais ....(1)....... est faux.

ce chiffre	a	ce nombre	c
cette chiffre	b		

12. La dernière réforme fiscale a ....(1)........ tous nos ....(1).........

solvé	a	problems	d
résous	b	problèmes	e
résolu	c	problemes	f

13. Nous avons ....(1)....... une série de ....(1)....... avec nos concurrents.

conclu	a	contracts	d
concluré	b	contrats	e
conclué	c	contrâts	f

14. ....(3)......... la bonne conjoncture, ...(1)........... diminue.

Dû à	a	la chômage	f
Par suite de	b	la chomâge	g
Grâce à	c	le chomâge	h
À cause de	d	le chômâge	i
En raison de	e	le chomage	j

15. Le paragraphe 2 de l'article 25 de cette loi devrait ....(1)...........

se changer	a	changer	d
modifier	b	être modifié	e
être changé	c	se modifier	f

16. La politique n'intéresse pas vraiment ....(1)........... que je connais.

les gens	a	le peuple	c
la population	b		

17. ....(1)........ politique possède ....(1)........ des actions de cette banque.

Un parti	a	un parti	d
Une partie	b	une partie	e
Une part	c	une part	f

18. Presque toutes les actions ......(1)....... ont connu une chute des ......(1)......

côtées en Bourse	a	courses	d
cotées en Bourse	b	cours	e
cotées en bourse	c		

19. La levée de l'embargo nous permet enfin de renouveler ....(1)...........

notre stock	a	nos stocks	d
notre entrepôt	b	notre dépôt	e
notres stocks	c	nos entrepôts	f

20. D'après le stéréotype national, ...(1)......... portent tous le béret basque.

les français	a	les Français	c
les Françaises	b	les françaises	d

21. Le prix du ....(1)....... de ....(1)....... est un facteur clé de l'économie.

barril	a	petrol	e
barrel	b	pétrole	f
baril	c	pétrol	g
barel	d	petrole	h

22. En période de crise, ...(1).......... de tous les secteurs ....(1)..........

le personnel	a	se réduit	f
l'effectif	b	se réduissent	g
les effectifs	c	réduit	h
le personel	d	réduisent	i
les salariés	e	se réduisent	j

23. Nous ....(1).......... que le ....(1).......... augmente les impôts.

expectons	a	gouvernment	e
attendons	b	governant	f
nous attendons	c	governement	g
nous attendons à ce	d	gouvernement	h

24. Je ....(1).... plus ce lycée, mais je continue à .....(1)..... mes anciens profs.

n'attends	a	visiter	c
ne fréquente	b	rendre visite à	d

25. ....(2)............   ....(1).......... est une somme importante.

Un million	a	d'euro	e
Une million	b	d'euros	f
Une milliarde	c	euro	g
Un milliard	d	euros	h

26. La dévaluation entraînera une ....(1).......... rapide ....(1)...........

diminuition	a	de l'import	d
diminuation	b	des importations	e
diminution	c	de l'importation	f

27. ......(2)...... l'inflation, la tâche du ministre des Finances a été ....(1).......

Grâce à	a	allégée	e
Dû à	b	facilitée	f
À cause de	c	soulagée	g
En raison de	d		

28. Nous sommes confrontés à un déficit croissant ......(1)......   ......(1)......

de la balance	a	de performance	d
du bilan	b	des performances	e
de la bilance	c	d'opérations courantes	f
		des opérations courantes	g

29. À long terme, cette politique devrait ....(2)....... des fluctuations de prix.

mener à	a	conduire à	c
entraîner	b	provoquer	d

30. Une politique ...(2)... ne pourra jamais ....(2).... la demande des ménages.

d'économie	a	forcer	e
d'austérité	b	promouvoir	f
d'épargne	c	encourager	g
de rigueur	d		

Corrigé
du contrôle final

Un point par réponse juste

1 d/e,h	11 a	21 c/f
2 b	12 c/e	22 c/j
3 b	13 a/e	23 d/h
4 a/e	14 b,c,e/i	24 b/d
5 b	15 e	25 a,d/f
6 a,d/g	16 a	26 c/e
7 b	17 a/e	27 a,d/f
8 b,d	18 b/e	28 a/g
9 b/f	19 d	29 b,c
10 c,d/g	20 c	30 b,d/f,g

46 - 60 points:

Bravo! Le français économique n'a plus de secrets pour vous.

31 - 45 points:

Vous avez bien profité du programme; si vous en avez envie, reprenez certains chapitres pour vous perfectionner. Consultez l'index pour repérer les termes que vous ne maîtrisez pas encore tout à fait et révisez les exercices qui s'y rapportent.

16 - 30 points:

Vous ne tombez déjà plus dans tous les pièges; mais vous avez besoin de faire un effort supplémentaire. Essayez de retrouver (à l'aide de l'index) les chapitres qui vous causent le plus de difficultés. Vous pourriez aussi reprendre complètement les exercices d'approfondissement.

0 - 15 points:

N'auriez-vous pas commencé le livre à l'envers, sans avoir travaillé d'abord les exercices? Retournez à la case départ... et reprenez le tout depuis les exercices préliminaires. En tout cas, vous avez en mains l'instrument qui vous permettra de faire des progrès. Bon courage!

EXERCICES PRÉLIMINAIRES - CORRIGÉ

1.a)

1 Wir haben die Warenmuster an unsere Filiale in Linz geschickt.
Nous avons envoyé les échantillons à notre succursale à Linz.

2 Die Gründung einer Tochtergesellschaft muß den Gesellschaftern angekündigt werden.
La création d'une filiale doit être annoncée aux associés.

3 Ein Scheck ohne Unterschrift ist ungültig.
Un chèque sans signature n'est pas valable.

4 Die Zeichnung des Kapitals endet am 30. Juni.
La souscription du capital se termine le 30 juin.

5 Wir haben gar keine Chance mehr, einen Kredit zu erhalten.
Nous n'avons plus aucune possibilité d'obtenir un crédit.

6 Um einen Kredit zu erhalten, müßte man Glück haben.
Pour obtenir un crédit, il faudrait avoir de la chance.

7 Die Demonstration wurde von den Gewerkschaften organisiert.
La manifestation a été organisée par les syndicats.

8 Morgen wird es eine Vorführung der neuen Geräte geben.
Demain il y aura une démonstration des nouveaux appareils.

9 Die Gläubiger befürchten, daß die Genossenschaft in Konkurs geht.
Les créanciers craignent que la coopérative (ne) fasse faillite.

10 Alle Kandidaten werden zu einer Ausleseprüfung antreten müssen.
Tous les candidats devront se présenter à un concours.

11 Der Dow Jones ist ein besonders bekannter Börsenindex.
Le Dow Jones est un indice boursier particulièrement connu.

12 Die Schlüsselwörter werden im Register angeführt.
Les mots clés sont mentionnés dans l'index.

13 Der Textilsektor befindet sich seit langem in einer tristen Lage.
Depuis longtemps, le secteur textile se trouve dans une situation grave / difficile / morose.

14 Es ist traurig, daß niemand in diesen Sektor investieren will.
Il est triste que personne ne veuille investir dans ce secteur.

15 Ich habe den Bericht weggeworfen, denn er ist nicht mehr aktuell.
J'ai jeté le rapport, car il n'est plus d'actualité.

16 Der derzeitige Präsident wird bald in den Ruhestand treten.
Le président actuel va bientôt prendre sa retraite.

17 Die neue Marketing-Abteilung ist noch nicht effizient genug.
Le nouveau service de mercatique n'est pas encore assez efficace.

18 Die tatsächliche Geburtenrate entspricht nicht den veröffentlichten
Statistiken.
Le taux de natalité effectif / réel ne correspond pas aux statistiques publiées.

19 Der konservative Kandidat hat 53% der Stimmen erhalten.
Le candidat conservateur a obtenu 53% des voix / des suffrages.

20 Trotz der intensiven Bemühungen der Verkäufer hat der Umsatz stagniert.
Malgré les efforts intenses des vendeurs, le chiffre d'affaires a stagné.

21 Wir werden ihnen raten, einen Intensivkurs für Kommunikation zu besuchen.
Nous leur conseillerons de suivre un cours de communication intensif.

22 Die medizinische Forschung kann nur durch großzügige Subventionen forciert
werden.
La recherche médicale ne peut être encouragée / promue que par des subventions
généreuses.

23 Das Budgetdefizit zwingt die Ministerien, ihre Ausgaben zu verringern.
Le déficit budgétaire force / oblige les ministères à réduire leurs dépenses.

24 Das ist die Tabelle, die den Energieverbrauch in den OECD-Ländern zeigt /
darstellt.
Voici le tableau qui représente la consommation d'énergie dans les pays de l'OCDE.

25 Die Tabelle zeigt, daß die USA am meisten Energie verbrauchen.
Le tableau montre que ce sont les Etats-Unis qui consomment le plus d'énergie.

26 Der geliehene Betrag wird nach zehn Jahren zurückgezahlt werden müssen.
La somme empruntée devra être remboursée au bout de dix ans.

27 Man kennt unser Unternehmen auf der ganzen Welt.
On connaît notre entreprise dans le monde entier.

28 Alle Welt (jedermann) kennt unser Unternehmen.
Tout le monde connaît notre entreprise.

29 Der Großteil des Kapitals gehört ausländischen Gesellschaften.
La plus grande partie du capital appartient à des sociétés étrangères.

30 Die meisten Österreicher besitzen keine Wertpapiere.
La plupart des Autrichiens ne possèdent (ne possède) pas de valeurs mobilières /
de titres.

31 Man will also den Kauf von Aktien forcieren.
On veut donc encourager / promouvoir l'achat d'actions.

32 Dann wird die Börse vielleicht einen Aufschwung erleben.
Alors la Bourse connaîtra peut-être un essor.

33 Nach Meinung des Vorstandes sollte bald das Kapital erhöht werden.
D'après / Selon le directoire, le capital devrait bientôt être augmenté.

34 Die Ausgabe junger Aktien könnte nach der Hauptversammlung erfolgen.
L'émission d'actions nouvelles pourrait avoir lieu après l'assemblée générale.

35 Vor zwanzig Jahren glaubte niemand an einen Beitritt Österreichs zur EU.
Il y a vingt ans, personne ne croyait à une adhésion de l'Autriche à l'UE.

36 Vor der Abstimmung haben die Österreicher viel über diese Frage nachgedacht.
Avant le référendum, les Autrichiens ont beaucoup réfléchi à la question.

1.b)

37 Der IWF unterstützt die Länder der Dritten Welt mittels Darlehen.
Le FMI soutient les pays du Tiers monde au moyen de prêts.

38 Aber viele Länder halten die drakonischen Bedingungen nicht aus.
Mais beaucoup de pays ne supportent pas les conditions draconiennes.

39 Man hätte im 21. Jahrhundert weiterhin den französischen Franc verwenden
können.
On aurait pu continuer à utiliser le / à se servir du franc français au XXIème siècle.

40 Die alten Banknoten wären aber schon sehr abgenützt.
Mais les vieux billets de banque seraient déjà très usés.

41 Der Verkehrsminister hat den EU-Kommissar besucht.
Le ministre des Transports a rendu visite au commissaire de l'UE / est allé voir le
commissaire de l'UE.

42 Er hat die Gelegenheit genützt, um das Atomium zu besichtigen.
Il a profité de l'occasion pour visiter l'Atomium.

43 Welche Schule haben Sie besucht?
Quelle école avez-vous fréquentée?

44 Seit drei Wochen warten wir auf eine Antwort.
Nous attendons une réponse depuis trois semaines.

45 Wenn der Krieg ausbricht, werden die ausländischen Unternehmer fortgehen.
Si la guerre éclate, les entrepreneurs étrangers partiront / s'en iront.
(Quand la guerre éclatera,...)

46 Die OPEC-Vertreter haben Wien verlassen, ohne ein Abkommen unterzeichnet zu haben.
Les représentants de l'OPEP ont quitté Vienne sans avoir signé un traité / accord.

47 Bevor ein Land der Währungsunion beitreten kann, muß es alle Kriterien erfüllen.
Avant qu'un pays (ne) puisse adhérer à l'Union monétaire, il doit remplir tous les critères.

48 Es ist schwierig, die Verantwortlichen zu erreichen.
Il est difficile de joindre les responsables.

49 Viele europäische Unternehmen leiden unter der starken asiatischen Konkurrenz.
Beaucoup d'entreprises européennes souffrent de la forte concurrence asiatique.

50 Kein österreichischer Sportler wird am Wettbewerb teilnehmen.
Aucun sportif autrichien ne participera à la compétition.

51 Zeit ist Geld.
Le temps, c'est de l'argent.

52 Das britische Pfund und der Schweizer Franken gehören zu den harten Währungen.
La livre sterling et le franc suisse font partie des monnaies fortes.

53 Ich habe die Taschen voller Kleingeld.
J'ai les poches pleines de petite monnaie.

54 Dieser Automat nimmt nur Münzen an.
Ce distributeur n'accepte que les pièces de monnaie.

55 Solche Automaten gibt es an jedem Straßeneck.
On trouve de tels distributeurs à tous les coins de rue.

56 Die Leute glauben, daß ihr Vermögen nicht gefährdet ist.
Les gens croient que leur fortune / patrimoine n'est pas en danger.

57 Das Volk möchte von den Politikern ernstgenommen werden.
Le peuple voudrait être pris au sérieux par les hommes politiques.

58 Aufgrund der Inflation ist die Kaufkraft ständig gesunken.
En raison de / Par suite de l'inflation, le pouvoir d'achat a constamment baissé.

59 Das Sinken der Kaufkraft ist auf die Inflation zurückzuführen.
La baisse du pouvoir d'achat est due à l'inflation.

1.c)

60 Die Kaufleute fürchten, daß der Mehrwertsteuersatz <u>angehoben</u> wird.
Les commerçants craignent que le taux de TVA (ne) soit <u>relevé / augmenté</u>.

61 Der Handwerker möchte, daß ein Obelisk vor seiner Werkstatt <u>errichtet</u> wird.
L'artisan voudrait qu'un obélisque soit <u>élevé</u> / érigé devant son atelier.

62 Die Inflationsrate <u>hat sich auf</u> 6% <u>erhöht</u>.
Le taux d'inflation <u>s'est accru / a augmenté pour passer à</u> 6%.

63 In Griechenland <u>beträgt</u> die Rate sogar 15%.
En Grèce, le taux <u>s'élève</u> même <u>à</u> 15%. (...<u>est</u> même <u>de</u> 15% / <u>se monte</u> même <u>à</u> 15%.)

64 Die Privatisierungsserie hat eine Sättigung des Börsenmarktes <u>bewirkt</u>.
La série de privatisations a <u>causé / entraîné</u> une saturation du marché boursier.

65 Die neue Koalition hat die Absicht, radikale Reformen <u>durchzuführen</u>.
La nouvelle coalition a l'intention d'<u>effectuer</u> des réformes radicales.

2)

66 Dieses Problem ist nicht leicht zu <u>lösen</u>.
Ce problème n'est pas facile à <u>résoudre</u>.

67 Der Markt ist durch beträchtliche Zölle <u>geschützt</u>.
Le marché est <u>protégé</u> par des droits douaniers / des droits de douane considérables.

68 Die Summe muß in Euro <u>ausgedrückt</u> werden.
La somme doit être <u>exprimée</u> en euros.

69 2002 <u>erwartete</u> niemand einen derartigen Wirtschaftsaufschwung.
En 2002 personne ne <u>s'attendait à</u> un tel essor économique.

70 Ich <u>habe</u> nicht <u>erwartet</u>, so wenig zu verdienen.
Je ne <u>m'attendais</u> pas <u>à</u> gagner si peu.

71 Die Leute <u>erwarten</u>, daß diese Bank bald in Konkurs gehen wird.
Les gens <u>s'attendent à ce que</u> cette banque fasse bientôt faillite.

72 Die Ergebnisse entsprechen nicht den <u>Erwartungen</u> des Vorstandes.
Les résultats ne correspondent pas aux <u>attentes</u> du directoire.

73 Der Minister hat die Schaffung neuer <u>Arbeitsplätze</u> versprochen.
Le ministre a promis la création de nouveaux <u>emplois</u>.

74 Die <u>Investitionen</u> dienen dazu, die Produktivität zu steigern.
Les <u>investissements</u> servent à relever / augmenter la productivité.

75 Die <u>Leistungsbilanz</u> weist weiterhin ein Defizit auf.
La <u>balance des opérations courantes</u> continue à accuser / afficher un déficit.

76 Für die Versicherungspolizze ist der <u>Spediteur</u> verantwortlich.
C'est le <u>transitaire</u> qui est responsable de la police d'assurance.

77 Die derzeitige <u>Finanz</u>krise ist auf Spekulationen zurückzuführen.
La crise <u>financière</u> actuelle est due à des spéculations.

78 Nichtsdestoweniger bleibt der Präsident der Zentralbank <u>optimistisch</u>.
Néanmoins, le président de la Banque centrale reste <u>optimiste</u>.

79 <u>Theoretisch</u> müßte die Abwertung die Exporte stimulieren.
<u>Théoriquement</u>, la dévaluation devrait stimuler / relancer les exportations.

80 Ich werde Ihnen diesen Brief und <u>diese</u> nützlichen Informationen schicken.
Je vais vous envoyer cette lettre et <u>ces</u> informations utiles.

81 Die Führungskräfte haben schon <u>verschiedene/diverse</u> Strategien ausprobiert.
Les dirigeants / cadres ont déjà essayé <u>différentes / diverses</u> stratégies.

82 Aber <u>zahlreiche</u> Probleme bestehen weiterhin.
Mais <u>de nombreux</u> problèmes subsistent. (...continuent à exister.)

83 Der Vorstand will <u>einerseits</u> Rücklagen bilden und <u>andererseits</u> dringende
Investitionen durchführen.
Le directoire veut <u>d'un côté</u> constituer des réserves et <u>de l'autre</u> effectuer des
investissements urgents. (d'une part... d'autre part)

84 Eine neue Maschine würde <u>10 Millionen Euro</u> kosten.
Une nouvelle machine coûterait <u>10 millions d'euros</u>.

85 Laut IWF beträgt die Unterstützung <u>20 Milliarden Dollar</u>.
Selon / D'après le FMI, l'aide s'élève à <u>20 milliards de dollars</u>.

86 <u>Das</u> entspricht einem Drittel der Verschuldung.
<u>Cela</u> correspond à un tiers de l'endettement.

87 <u>Daher</u> wird ein zusätzlicher Kredit notwendig sein.
<u>C'est pourquoi</u> un crédit supplémentaire sera nécessaire.

88 <u>Trotzdem</u> erwartet man nicht, daß die gesamte Schuld zurückgezahlt wird.
<u>Malgré cela</u>, on ne s'attend pas à ce que la totalité de la dette soit remboursée. / On
ne s'attend <u>pourtant / cependant</u> pas à ce que la totalité de la dette soit remboursée.

3)

89 <u>Man kann</u> verschiedene Kategorien von Gesellschaften <u>unterscheiden</u>.
<u>On distingue</u> différentes catégories de sociétés.

90 Bei genauerem Hinsehen <u>kann man feststellen</u>, daß ein einziger Kandidat allen
Anforderungen entspricht.
En y regardant de plus près, <u>on constate</u> qu'un seul candidat satisfait à toutes les
exigences.

91 Der Umsatz <u>ist abhängig</u> vom Gelingen unserer Werbekampagne.
Le chiffre d'affaires <u>dépend</u> de la réussite de notre campagne publicitaire.

92 Leasing <u>macht</u> es <u>möglich</u>, stets über das neueste Modell zu verfügen.
Le crédit-bail <u>permet</u> de toujours disposer du modèle le plus récent.

93 Die Abwertung hat nicht zum erwarteten Aufschwung <u>geführt</u>.
La dévaluation n'a pas <u>entraîné</u> l'essor prévu / n'a pas <u>conduit à</u> l'essor prévu.

4)

94 Die Produktionskosten sind in Frankreich <u>höher</u> als in Japan.
Les coûts de production sont <u>plus élevés</u> en France qu'au Japon.

95 Der Eiffelturm ist sehr <u>hoch</u>.
La Tour Eiffel est très <u>haute</u>.

96 Wir kennen noch nicht die <u>Höhe</u> der Rechnung.
Nous ne connaissons pas encore le <u>montant</u> de la facture.

97 Die <u>Höhe</u> des Eiffelturms beträgt 318 Meter.
La <u>hauteur</u> de la Tour Eiffel est de 318 mètres.

98 Kürzlich wurde die genaue <u>Höhe</u> des Mount Everest gemessen.
Récemment, on a mesuré l'<u>altitude</u> exacte du Mont Everest.

99 Der Umsatz weist eine negative <u>Entwicklung</u> auf.
Le chiffre d'affaires connaît / accuse une <u>évolution</u> négative.

100 Die Senkung der Zölle wird eine <u>Entwicklung</u> des Handels nach sich ziehen.
La baisse des droits douaniers / des droits de douane entraînera un <u>développement</u>
du commerce.

101 Volkswirtschaft wird an verschiedenen Universitäten unterrichtet.
L'économie politique est enseignée dans différentes universités.

102 Die Volkswirtschaften Frankreichs und seiner ehemaligen Kolonien sind eng
miteinander verbunden.
Les économies nationales de la France et de ses anciennes colonies sont étroite-
ment liées entre elles.

103 Die Abwertung sollte positive Auswirkungen auf die Handelsbilanz haben.
La dévaluation devrait avoir des effets positifs sur la balance commerciale.

104 Das Eigenkapital befindet sich auf der Passivseite der Bilanz.
Le capital propre se trouve dans le / au passif du bilan.

105 Die Steuer wird direkt vom Gehalt abgezogen.
L'impôt est directement déduit du salaire.

106 Alle Autofahrer werden von der neuen Steuer betroffen sein.
Tous les automobilistes seront concernés par la nouvelle taxe.

107 Der Überschuß der Handelsbilanz ist auf die schwache Währung zurückzuführen.
L'excédent de la balance commerciale est dû à la monnaie faible.

108 Der auf die Überproduktion zurückzuführende Getreideüberschuß wird
vernichtet werden.
Le surplus de céréales dû à la surproduction sera détruit.

109 Die Gründung eines Unternehmens ist ein langwieriger Prozeß.
La création d'une entreprise est un processus de longue durée.

110 Die Journalisten warten auf das Ergebnis des Prozesses gegen den ehemaligen
Minister.
Les journalistes attendent le résultat du procès contre l'ancien ministre.

111 Die wichtigsten statistischen Daten stehen im Jahresbericht.
Les principales données statistiques figurent dans le rapport annuel.

112 Der Brief trägt das gestrige Datum.
La lettre porte la date d'hier.

113 Die Verabredung wurde auf 16 Uhr verschoben.
Le rendez-vous a été reporté à 16 heures.

114 Die Zahlen stammen aus einem Bericht der OECD.
Les chiffres sont tirés d'un rapport de l'OCDE.

115 Die Zahl der Arbeitslosen ist von 2,5 auf 3 Millionen gestiegen.
Le nombre des chômeurs est passé de 2,5 à 3 millions.

116 Der Erdölpreis unterliegt starken Schwankungen.
Le prix du pétrole est soumis à de fortes fluctuations.

117 Die Umweltschützer verlangen eine zusätzliche Besteuerung des Benzins.
Les écologistes demandent / réclament une taxation supplémentaire de l'essence.

118 Sie will einen Salat ohne Öl zubereiten.
Elle veut préparer une salade sans huile.

119 Unser Warenlager ist 5 Millionen Euro wert.
Nos stocks de marchandises valent 5 millions d'euros.

120 Es gibt im Lager keinen Platz mehr.
Il n'y a plus de place dans le dépôt / l'entrepôt.

121 Die Ausbildung wird durch ein Praktikum im Ausland vervollständigt.
La formation est complétée par un stage à l'étranger.

122 Er will seine Ausbildung an einem Gymnasium fortsetzen.
Il veut poursuivre son éducation dans un lycée.

123 Die Bauern fordern ständig neue Subventionen.
Les agriculteurs exigent constamment de nouvelles subventions.

124 Wir wollen unseren Urlaub bei einem Bauern in Tirol verbringen.
Nous voulons passer nos vacances chez un paysan / fermier au Tyrol.

125 Die Privatisierung des Telekommunikationsbereichs wird in drei Jahren
beendet sein.
La privatisation (du secteur) des télécommunications sera terminée dans trois ans.

126 2001 war ein ausgezeichnetes Jahr für die chinesische Wirtschaft.
2001 a été une année excellente pour l'économie chinoise.

127 Das Geschäftsjahr hat nicht die erhofften Ergebnisse erbracht.
L'exercice n'a pas apporté les résultats espérés.

128 In allen Ministerien wird man sparen müssen.
Dans tous les ministères, il faudra économiser.

129 In Krisenzeiten sparen die Leute oft, anstatt zu konsumieren.
En temps de crise, les gens épargnent souvent au lieu de consommer.

130 Jedermann weiß, daß man Ersparnisse haben muß, wenn es der Wirtschaft
schlecht geht.
Tout le monde sait qu'il faut avoir des économies lorsque l'économie va mal.

131 Der Computer ermöglicht beträchtliche Personaleinsparungen.
L'ordinateur permet de faire des économies de personnel considérables.

132 Die Inflation hat einen Rückgang des Sparens (der Sparquote) bewirkt.
L'inflation a causé / entraîné un recul de l'épargne (du taux d'épargne).

133 Die neue Sparpolitik zielt darauf ab, das Budgetdefizit zu senken.
La nouvelle politique de rigueur / d'austérité vise à réduire le déficit budgétaire.

134 Der Vorstand hat die Absicht, die Satzung zu ändern.
Le directoire a l'intention de modifier les statuts.

135 Seit Beginn des Jahrzehnts haben sich die wirtschaftlichen Bedingungen geändert.
Depuis le début de la décennie, les conditions économiques ont changé.

136 Die Briten lehnen jegliche Änderung des Abkommens ab.
Les Britanniques refusent toute modification du traité.

137 Diese Meinungsänderung hat alle überrascht.
Ce changement d'opinion a surpris tout le monde.

138 Ich habe nicht genug Bargeld bei mir, um bar zu zahlen.
Je n'ai pas assez d'argent liquide sur moi pour payer en espèces / en liquide.

139 Wenn Sie bar zahlen, gewähren wir Ihnen 5% Skonto.
Si vous payez (au) comptant, nous vous accordons 5% d'escompte.

140 Unser Unternehmen liefert seit einem Jahrhundert Qualitätsprodukte.
Notre entreprise fournit des produits de qualité depuis un siècle.

141 Wir liefern alle Waren frei Haus.
Nous livrons toutes les marchandises franco domicile.

142 Da es sich um einen Fabrikationsfehler handelt, haftet der Lieferant.
Comme il s'agit d'un défaut de fabrication, c'est le fournisseur qui est responsable.

143 Der Lieferant hat schon einen Tag Verspätung; er wurde an der Grenze aufgehalten.
Le livreur a déjà un jour de retard; il a été retenu à la frontière.

144 Die Arbeitgeber hoffen, daß die Steuerlast bald erleichtert wird.
Les patrons (employeurs) espèrent que la charge fiscale sera bientôt allégée.

145 Der Beitritt zur WTO (World Trade Organization) hat den Zugang zu den ausländischen Märkten erleichtert.
L'adhésion à l'OMC (Organisation mondiale du commerce) a facilité l'accès aux marchés étrangers.

146 Nachdem sie die Verhandlungen beendet hatten, fühlten sich alle Teilnehmer erleichtert.
Après avoir terminé les négociations, tous les participants se sont sentis soulagés.

147 Der Präsident wurde mit einer Mehrheit von 53% gewählt.
Le Président a été élu par une majorité de 53%.

148 Ich habe noch nicht entschieden, wen ich wählen werde (für wen ich stimmen werde).
Je n'ai pas encore décidé pour qui je vais voter.

149 Die Daten wurden bei einer Pressekonferenz mitgeteilt.
Les données ont été communiquées lors d'une / à l'occasion d'une conférence de presse.

150 Man erhält das Visum beim Konsulat.
On obtient le visa auprès du consulat. / Le visa s'obtient auprès du consulat.

151 Wir kaufen die Produkte direkt bei einem Bauern.
Nous achetons les produits directement chez un paysan.

152 Die Inflation ist gegenüber Juli um 2 Prozentpunkte gestiegen.
L'inflation a augmenté de 2 points par rapport au mois de juillet.

153 Das Lager befindet sich gegenüber der Fabrik.
Le dépôt / l'entrepôt se trouve en face de / vis-à-vis de l'usine.

154 Die Politiker stehen einem wirtschaftlichen Desaster gegenüber.
Les hommes politiques se trouvent face à un désastre économique.

155 Angesichts des wirtschaftlichen Desasters drängt sich eine Sparpolitik auf.
Face au désastre économique, une politique de rigueur / d'austérité s'impose.

156 Während die Kosten gesunken sind, tendieren die Preise zum Steigen.
Alors que / Tandis que les coûts ont baissé, les prix tendent à augmenter.

157 Holen Sie die Waren, während ich die Rechnung erstelle!
Allez chercher les marchandises pendant que je rédige la facture!

158 Man muß die Inlandsnachfrage ankurbeln, während man gleichzeitig mehr exportiert.
Il faut stimuler la demande intérieure tout en exportant plus.

5)

159 Die Beschäftigtenzahl / der Personalstand unterliegt Schwankungen je nach Jahreszeit.
Les effectifs sont soumis à des fluctuations selon les saisons.

160 Die Personalabteilung verwaltet die Akten von mehr als tausend Arbeitnehmern.
Le service du personnel gère les dossiers de plus de mille salariés.

161 Jeder vierte Arbeitnehmer ist Angestellter; die anderen sind Arbeiter.
Un salarié sur quatre est employé; les autres sont ouvriers.

162 Die Reform kann entweder die erwerbsfähige Bevölkerung oder die Pensionisten begünstigen.
La réforme peut privilégier / favoriser soit la population active soit les retraités.

163 Austauschprogramme vertiefen die Freundschaft zwischen den Völkern.
Les programmes d'échange approfondissent l'amitié entre les peuples.

164 Das Wachstum der Weltbevölkerung beunruhigt viele Leute.
La croissance de la population mondiale inquiète beaucoup de gens.

165 Die Einnahmen aus der Privatisierung dienen dazu, das Budgetdefizit auszugleichen.
Les recettes de la privatisation servent à combler le déficit budgétaire.

166 Alle Arten von Einkommen unterliegen Steuern.
Toutes les formes de revenu(s) sont soumises à des impôts.

167 Unsere Produktpalette umfaßt unter anderem Katzen- und Hundefutter.
Notre gamme de produits comprend entre autres de la nourriture pour chats et pour chiens.

168 Derzeit besteht die EU aus 15 Mitgliedern.
Actuellement, l'UE est constituée de / se compose de 15 membres.

169 Das neue Gesetz enthält weniger Verbote als das alte.
La nouvelle loi contient moins d'interdictions que l'ancienne.

170 Wir möchten vermeiden, unnötige Steuern zu zahlen.
Nous voudrions éviter de payer des impôts inutiles.

171 Die Hauptversammlung hat die vom Vorstand vorgeschlagene Erhöhung des Grundkapitals verhindert.
L'assemblée générale a empêché l'augmentation du capital social proposée par le directoire.

172 Die Erbschaft wurde mit 12 Millionen Pfund bewertet.
L'héritage a été évalué à 12 millions de livres (sterling).

173 - Eine böse Überraschung für die Erben, die sie auf 20 Mio. geschätzt hatten.
- Une mauvaise surprise pour les héritiers, qui l'avaient estimé à 20 millions.

174 Sie schätzen nun (= sind der Ansicht), daß der Notar sich in seinen Berechnungen geirrt hat.
Ils estiment à présent que le notaire s'est trompé dans ses calculs.

175 Die schlechte Geschäftsführung der Gesellschafter hat Verluste verursacht (bewirkt) / nach sich gezogen.
La mauvaise gestion des associés a causé / entraîné des pertes.

176 Die Veröffentlichung dieser schlechten Ergebnisse hat (sofort) einen Kurssturz der Aktien hervorgerufen / ausgelöst.
La publication de ces mauvais résultats a (immédiatement) provoqué / déclenché une chute du cours des actions.

177 Die schlechte Geschäftsführung hat also (indirekt) zum Kurssturz geführt / den Kurssturz nach sich gezogen.
C'est donc la mauvaise gestion qui a (indirectement) conduit à / entraîné la chute du cours.

178 Die Liberalisierung der Regelung hat einen Aufschwung des Detailhandels bewirkt / nach sich gezogen.
La libéralisation de la réglementation a entraîné un essor du petit commerce.

179 Der Beginn des Ausverkaufs hat einen Sturm auf die Qualitätsprodukte hervorgerufen / ausgelöst.
Le début des soldes a déclenché une ruée sur les produits haut de gamme.

180 Einige / Manche Politiker verteidigen noch immer die Atomtests.
Certains hommes politiques défendent toujours les essais nucléaires.

181 Sie behaupten, daß die Auswirkungen nur einige / ein paar kleine Inseln betreffen.
Ils prétendent que les effets ne concernent que quelques petites îles.

182 Trotzdem haben die Umweltschützer mehrere Demonstrationen organisiert.
Malgré cela, les écologistes ont organisé plusieurs manifestations.

183 Im vorigen Jahr sind die Preise der Lebensmittel kaum gestiegen.
L'année dernière (passée), les prix des produits alimentaires n'ont guère augmenté.

184 Im vorangegangenen Jahr (Im Jahr davor) war die Inflationsrate noch sehr
hoch gewesen.
L'année précédente (L'année d'avant), le taux d'inflation avait encore été très
élevé.

185 Im nächsten Jahr werden wir unsere Investitionen stark reduzieren.
L'année prochaine, nous réduirons fortement nos investissements.

186 Im darauffolgenden Jahr (Im Jahr danach) werden wir also über hohe
Rücklagen verfügen.
L'année suivante (L'année d'après), nous disposerons donc de réserves élevées /
importantes.

187 Die Portogebühren sind zusätzlich zu bezahlen.
Les frais de port sont à payer en plus.

188 Außerdem müssen die Waren noch verzollt werden.
De plus / En outre, les marchandises doivent encore être dédouanées / sont encore
à dédouaner.

189 Dank der Marktstudie konnte das Unternehmen seine Wettbewerbsfähigkeit
verbessern.
Grâce à l'étude de marché, l'entreprise a réussi à améliorer sa compétitivité.

190 Wegen / Aufgrund der Konkurrenz werden wir keine neue Filiale gründen.
En raison de la concurrence, nous ne créerons pas de nouvelle succursale. / Nous
ne créerons pas de nouvelle succursale à cause de / en raison de la concurrence.

191 Die Leute kaufen aufgrund des Börsenaufschwungs immer mehr Aktien.
Les gens achètent de plus en plus d'actions en raison de l'essor boursier.

192 Der Generaldirektor mußte wegen / infolge Insider-Trading zurücktreten.
Le P.-D.G. a dû démissionner à cause d'un / en raison d'un délit d'initié.

193 Im Notfall gewährt die Bank einen kurzfristigen Kredit.
En cas d'urgence, la banque accorde un crédit à court terme.

194 Im Fall eines Überschusses werden die Preise gesenkt; im Fall einer
schlechten Ernte werden sie erhöht.
Dans le cas d'un surplus, on baisse les prix; dans le cas d'une mauvaise récolte, on
les augmente (les prix sont réduits / augmentés).

6)

195 Die Gewinn- und Verlustrechnung ermöglicht es, den Gewinn oder den
Verlust eines Unternehmens zu errechnen.
Le compte de pertes et profits / Le compte de résultat permet de calculer les
bénéfices ou les pertes d'une entreprise.

196 Die WTO (World Trade Organization) regelt den Welthandel.
L'OMC (Organisation mondiale du commerce) règle les échanges mondiaux / le
commerce mondial.

197 Der Absatz von Software steigert sich rascher als der von Hardware.
Les ventes de logiciel(s) progressent / augmentent plus rapidement que celles de
matériel.

198 Ein Defizit der Handelsbilanz bedeutet, daß der Import von Waren den Export
übersteigt.
Un déficit de la balance commerciale signifie que les importations de marchandises dépassent les exportations.

199 Die Verringerung der Beschäftigtenzahl / des Personalstands ist kein Wunder-
(heil)mittel.
La réduction des effectifs n'est pas un remède miracle.

200 Wir müssen versuchen, so schnell wie möglich unser gesamtes Lager
abzusetzen.
Nous devons essayer d'écouler le plus rapidement possible tous nos stocks.

201 Die Konservativen haben die letzte Parlamentswahl gewonnen.
Ce sont les conservateurs qui ont remporté / gagné les dernières élections législa-
tives.

7)

202 Die Rendite einer Investition hängt vom eingegangenen Risiko ab.
Le rendement d'un investissement dépend du risque encouru.

203 Die Auslagerung der Produktion ist für die Arbeitslosigkeit verantwortlich.
C'est la délocalisation de la production qui est responsable du chômage.

204 Der Chefredakteur selbst hat die Reportage geschrieben.
C'est le rédacteur en chef lui-même qui a écrit le reportage.

205 Hier sind die Ergebnisse der letzten Umfrage des französischen Statistischen
Zentralamts.
Voici les résultats du dernier sondage de l'INSEE.

206 Wir ersuchen Sie, uns (noch) vor Ende des Monats ein Angebot zu
unterbreiten.
Nous vous prions de nous soumettre une offre avant la fin du mois.

207 <u>Der</u> Nenn<u>wert</u> einer Aktie ist niedriger als ihr Ausgabekurs.
<u>La valeur</u> nominale d'une action est inférieure à son prix d'émission.

208 Wir kennen nicht <u>den Grund</u> für diese Entscheidung des Verwaltungsrats.
Nous ne connaissons pas / Nous ignorons <u>la raison</u> de cette décision du conseil d'administration.

209 <u>Der Anteil</u> der Dienstleistungen am BSP ist in den letzten Jahren ständig gestiegen.
<u>La part</u> des services dans le PNB a constamment augmenté ces dernières années.

210 <u>Ein Teil</u> unserer Kunden ist unzufrieden mit unserem Kundendienst.
<u>Une partie</u> de nos clients est mécontente / sont mécontents de notre service après-vente.

211 Die RPR ist <u>die (politische) Partei</u> der Gaullisten in Frankreich.
Le RPR est <u>le parti (politique)</u> des gaullistes en France.

212 <u>Der Konzern</u> besteht aus einer Holding(gesellschaft) und einer ganzen Reihe von Töchtern.
<u>Le groupe</u> est constitué d'une société-holding (d'un holding) et de toute une série de filiales.

213 Worin besteht <u>die Rolle</u> der Abschlußprüfer in einer AG?
En quoi consiste <u>le rôle</u> des commissaires aux comptes dans une SA?

214 Sie üben <u>eine</u> gewisse <u>Kontrolle</u> über die Gebarung der Gesellschaft aus.
Ils exercent <u>un</u> certain <u>contrôle</u> sur les agissements de la société.

215 Die Inhaber von stimmrechtslosen Aktien erhalten / beziehen <u>eine</u> Vorzugs-<u>dividende</u>.
Les détenteurs d'actions sans droit de vote touchent <u>un dividende</u> prioritaire.

216 'Excellence', das heißt Perfektion auf <u>allen Gebieten</u> / in <u>allen Bereichen</u>.
L'excellence, c'est la perfection dans <u>tous les domaines</u>.

217 Man ist nicht reich mit <u>einer Million</u> Alter Francs, denn das entspricht nur 10.000 Neuen Francs, das sind ca. 1500 Euro.
On n'est pas riche avec <u>un million</u> d'anciens francs, car cela ne correspond qu'à 10 000 nouveaux francs, soit quelque / environ 1500 euros.

218 China zählt / hat mehr als <u>eine Milliarde</u> Einwohner.
La Chine compte / a plus d'<u>un milliard</u> d'habitants.

219 Er sprach vom Budget, ohne <u>eine</u> einzige <u>Zahl</u> zu nennen.
Il a parlé du budget sans citer <u>un</u> seul <u>chiffre</u>.

220 <u>Diese Graphik</u> zeigt die Entwicklung der Inflationsrate.
<u>Ce graphique</u> représente l'évolution du taux d'inflation.

8)

221 Die Lage unserer Branche hat sich sehr verändert.
La situation de notre branche / de notre secteur a beaucoup changé.

222 So hat sich unser Absatz im Laufe des letzten Geschäftsjahres verdoppelt.
Ainsi, nos ventes ont doublé au cours du dernier exercice.

223 Aber der unserer Konkurrenten hat sich sogar verdreifacht.
Mais celles de nos concurrents ont même triplé.

224 Der Umsatz der ganzen Branche steigt / erhöht sich weiterhin.
Le chiffre d'affaires de toute la branche continue à augmenter / à s'accroître.

225 Außerdem sinkt / verringert sich die Verschuldung der Unternehmen.
De plus / En outre, l'endettement des entreprises baisse / diminue / se réduit.

226 Der Gewinn der drei Branchenleader wird heuer 5 Milliarden Dollar betragen.
Cette année, les bénéfices des trois leaders de la branche s'élèveront à / seront de
(se monteront à) 5 milliards de dollars.

227 Die Analysten erwarten, daß im nächsten Jahr eine neue Rekordzahl erreicht
wird.
Les analystes s'attendent à ce qu'un nouveau chiffre record soit atteint l'année
prochaine.

228 Man erwartet also einen regelrechten Boom.
On s'attend donc à un véritable boom.

9)

229 Die Kaufleute sind die Hauptnutznießer eines Beitritts zur EU. Dieser Beitritt
kommt auch der Industrie zugute. Andere Bereiche haben davon immer viel
weniger profitiert.

Les commerçants sont les principaux bénéficiaires d'une adhésion à l'UE. Cette
adhésion bénéficie aussi à / profite aussi à l'industrie. D'autres domaines en ont
toujours bénéficié / en ont toujours profité beaucoup moins.

230 Wir finanzieren unsere Expansion nach Osten nicht selbst. Die Geldgeber, die
sie finanziert haben, haben unsere Finanzen gut kontrolliert, bevor sie uns diese
Finanzierung gewährt haben.

Nous ne finançons pas nous-mêmes notre expansion vers l'Est. Les financiers qui
l'ont financée ont bien contrôlé nos finances avant de nous accorder ce
financement.

231 Beim Erwerb eines Unternehmens erwirbt der Erwerber nicht nur die
Gebäude und die Maschinen, sondern auch den Firmennamen. Die sozialen
Errungenschaften der Belegschaft des Unternehmens, das er erworben hat, kann
er jedoch in Frage stellen.

Lors de / À l'occasion de l'acquisition d'une entreprise, l'acquéreur acquiert non
seulement les bâtiments et les machines, mais aussi la raison sociale. Il peut
cependant / pourtant remettre en question les acquis sociaux des salariés de la
société qu'il a acquise.

232 Die Gewerkschaften sehen sich als Förderer der Rechte der Arbeitnehmer. Sie
tragen zu ihrem sozialen Aufstieg bei und fördern ihre Vertretung in den
Unternehmen. Sie haben aber in der Vergangenheit nicht immer das
Wirtschaftswachstum gefördert.

Les syndicats se voient comme les promoteurs des droits des salariés. Ils
contribuent à leur promotion sociale et promeuvent / encouragent leur
représentation dans les entreprises. Mais, dans le passé, ils n'ont pas toujours
promu la croissance économique.

233 Wir lösen alle unsere Probleme legal, weil wir beschlossen haben, sie so zu
lösen.
Nous résolvons tous nos problèmes légalement, parce que nous avons résolu /
décidé de les résoudre ainsi.

234 Die Verträge sind gestern abgeschlossen worden. Daraus schließe ich, daß alle
Probleme gelöst sind.
Les contrats ont été conclus hier. J'en conclus que tous les problèmes sont résolus.

235 Unser Partner hat uns eine Zahlungsfrist von 90 Tagen angeboten.
Notre partenaire nous a offert / proposé un délai de paiement de 90 jours.

236 Je mehr sie erzeugen, desto mehr senken sie ihre Kosten.
Plus ils produisent, plus ils réduisent leurs coûts.

10.a)

237 Die <u>Verringerung</u> des Preises für das <u>Barrel</u> Erdöl in den letzten drei <u>Monaten</u> wird jene <u>günstige</u> <u>Konjunktur</u> bringen, die die <u>Regierung</u> erhofft und die die <u>Prognosen</u> für das kommende <u>Geschäftsjahr</u> versprechen.
La <u>diminution</u> / réduction du prix du <u>baril</u> de pétrole dans les trois derniers <u>mois</u> apportera la <u>conjoncture</u> <u>favorable</u> espérée par le <u>gouvernement</u> et promise par les <u>pronostics</u> pour le prochain <u>exercice</u>.

238 Der <u>Konflikt</u> zwischen dem <u>Exporteur</u> und dem <u>Importeur</u> <u>bezüglich</u> der Zölle hat keinerlei Einfluß auf den <u>Gegenstand</u> ihres <u>Vertrags</u>.
Le <u>conflit</u> entre l'<u>exportateur</u> et l'<u>importateur</u> au <u>sujet</u> des droits de douane n'a aucune influence sur l'<u>objet</u> de leur <u>contrat</u>.

239 Der zyklische <u>Charakter</u> der <u>Konjunktur</u> ist eine <u>charakteristische</u> <u>Auswirkung</u> der kapitalistischen Mechanismen.
Le <u>caractère</u> cyclique de la <u>conjoncture</u> est un <u>effet</u> <u>caractéristique</u> des mécanismes capitalistes.

240 Die drei Haupt<u>projekte</u> des <u>Parlaments</u>: Erstens, die Subventionen halbieren (= durch zwei <u>dividieren</u>); <u>zweitens</u>, das Gesetz über die Mehrwertsteuer <u>revidieren</u>; <u>drittens</u>, das Budget <u>sanieren</u>.
Les trois <u>projets</u> principaux du <u>parlement</u>: premièrement, <u>diviser</u> par deux les subventions; <u>deuxièmement</u>, <u>réviser</u> la loi sur la TVA (taxe à la / sur la valeur ajoutée); <u>troisièmement</u>, <u>assainir</u> le budget.

241 Die <u>Beschäftigten</u> der <u>chemischen</u> Industrie mit <u>Medizin</u>- oder <u>Chemie</u>diplom verlangen eine <u>Anpassung</u> ihrer <u>Gehälter</u>, um die <u>Vorteile</u> ihrer Kollegen, die <u>Anwälte</u> sind, zu kompensieren.
Les <u>salariés</u> de l'industrie <u>chimique</u> diplômés en <u>médecine</u> ou en <u>chimie</u> demandent une <u>adaptation</u> de leurs <u>salaires</u>, afin de / pour compenser les <u>avantages</u> de leurs collègues <u>avocats</u>.

10.b)

242 Mein <u>Assistent</u> hat eine <u>Tendenz</u> in <u>den meisten</u> wirtschaftlichen Disziplinen (<u>zum Beispiel</u> in der <u>Buchhaltung</u>) festgestellt: Die <u>Ausrüstungsgüter</u> <u>zählen</u> mehr als die Arbeitnehmer.
Mon <u>assistant</u> a constaté une <u>tendance</u> dans <u>la plupart des</u> disciplines économiques (en <u>comptabilité</u>, <u>par exemple</u>): les biens d'<u>équipement</u> <u>comptent</u> plus que les salariés.

243 Die Handels<u>korrespondenz</u> verwendet eine <u>eher</u> eigentümliche <u>Sprache</u>.
La <u>correspondance</u> commerciale utilise un / se sert d'un <u>langage</u> <u>plutôt</u> spécial.

244 Die <u>Geschwindigkeit</u> (= der Rhythmus) der wirtschaftlichen <u>Entwicklung</u> befriedigt die <u>Regierung</u>, aber ein Handelsbilanz<u>überschuß</u> ist weiterhin etwas <u>Außergewöhnliches</u>.
Le <u>rythme</u> du <u>développement</u> économique satisfait le <u>gouvernement</u>, mais un <u>excédent</u> commercial reste quelque chose d'<u>exceptionnel</u>.

10.c)

245 Die <u>Kurse</u> <u>gewisser / mancher</u> französischer Aktien interessieren auch die
<u>Amerikaner</u> (und natürlich die <u>Amerikanerinnen</u>).
Les <u>cours</u> de <u>certaines</u> actions françaises intéressent aussi les <u>Américains</u> (et bien
sûr les <u>Américaines</u>).

246 Die meisten <u>Franzosen</u> und sogar <u>manche</u> <u>Französinnen</u> lehnen es ab,
einkaufen zu gehen (= <u>Einkäufe</u> zu machen).
La plupart des <u>Français</u> et même <u>certaines</u> <u>Françaises</u> refusent de faire les <u>courses</u>.

247 <u>Nationale</u> Konflikte lassen <u>soziale</u> Unterschiede (= Ungleichheiten) vorübergehend vergessen.
Les conflits <u>nationaux</u> font oublier momentanément les inégalités <u>sociales</u>.

248 <u>Steuer</u>reformen für eine gerechtere (= <u>gleichere</u>) Verteilung der <u>Einkommen</u>
waren Teil der <u>Wahl</u>versprechen der <u>Liberalen</u>.
Des réformes <u>fiscales</u> pour une répartition plus <u>égale</u> des <u>revenus</u> faisaient partie
des promesses <u>électorales</u> des <u>libéraux</u>.

249 Der <u>positive</u> Saldo unserer Handelsbilanz ist auf unsere <u>aktive</u> Außenhandelspolitik und auf unsere <u>konkurrenzfähigen</u> und <u>modernen</u> Produkte zurückzuführen.
Le solde <u>positif</u> de notre balance commerciale est dû à notre politique commerciale
<u>active</u> et à nos produits <u>compétitifs</u> et <u>modernes</u>.

250 Man hat eine <u>deutliche</u> Erhöhung der <u>Brutto</u>exporte festgestellt.
On a constaté une augmentation <u>nette</u> des exportations <u>brutes</u>.

251 Das Steigen der <u>Einkommen</u> im <u>öffentlichen</u> Sektor / im <u>öffentlichen</u> Dienst
hat die <u>Angestellten</u> des privaten Sektors empört.
La hausse des <u>revenus</u> dans le secteur <u>public</u> / dans la fonction <u>publique</u> a indigné
les <u>employés</u> du (secteur) privé.

252 Warum haben die dicken Bücher der wissenschaftlichen <u>Experten</u> niemals
<u>Erfolg</u>?
Pourquoi les gros livres des <u>experts</u> scientifiques n'ont-ils jamais de <u>succès</u>?

253 - Weil das <u>Publikum</u> lieber die <u>Zusammenfassungen</u> in den Zeitschriften liest.
- Parce que le <u>public</u> préfère (en) lire les <u>résumés</u> dans les magazines / revues.

254 Die OPEC-Länder haben nicht mehr das <u>Monopol</u> für <u>Erdöl</u>.
Les pays de l'OPEP n'ont plus le <u>monopole</u> du <u>pétrole</u>.

255 Ich bin ein <u>Spezialist</u> für Informatik-<u>Programme</u>, und trotzdem habe ich
<u>Probleme</u> mit meinem Betriebs<u>system</u>.
Je suis un <u>spécialiste</u> des <u>programmes</u> informatiques, et pourtant (et malgré cela),
j'ai des <u>problèmes</u> avec mon <u>système</u> d'exploitation.

10.d)

256 Wenn Sie sich an die Mitglieder des <u>Personals wenden</u>, verwenden Sie bitte
deren <u>berufliche Anschrift</u>.
Lorsque vous vous <u>adressez</u> aux membres du <u>personnel</u>, veuillez utiliser leur
<u>adresse professionnelle</u>.

257 Unter unseren <u>Aktionären</u> haben wir sehr bekannte <u>Persönlichkeiten</u> und
viele hohe <u>Beamte</u>, die unseren <u>traditionellen</u> Führungsstil schätzen.
Parmi nos <u>actionnaires</u>, nous avons des <u>personnalités</u> très connues et beaucoup de
hauts <u>fonctionnaires</u>, qui apprécient / estiment notre style de gestion <u>tradi-
tionnel</u>.

258 Die letzte <u>Etappe</u> der <u>Währungs</u>union bedeutete das Ende der nationalen
<u>Währungen</u> und auch des <u>Protektionismus</u>.
La dernière <u>étape</u> de l'Union <u>monétaire</u> a signifié la fin des <u>monnaies</u> nationales,
et aussi du <u>protectionnisme</u>.

259 Er hat die Bestellung <u>annulliert</u>, weil das Produkt auf dem grauen Markt
(= <u>Parallel</u>markt) billiger war.
Il a <u>annulé</u> la commande, parce que le produit était moins cher sur le marché
<u>parallèle</u>.

10.e + 10.f)

260 <u>Seit</u> die <u>Zins</u>sätze steigen, kommen Kredite <u>teuer</u> - <u>vor allem</u> für Gesellschaften, die nicht an der <u>Börse notieren</u>.
<u>Depuis</u> que les taux d'<u>intérêt</u> augmentent, les crédits coûtent <u>cher</u>, <u>surtout</u> pour les
sociétés qui ne sont pas <u>cotées</u> en <u>Bourse</u>.

261 Der <u>Staatssekretär</u>, der <u>Erdöl</u> um 35 <u>Euro</u> pro Barrel <u>einkaufen</u> will, <u>hofft</u>, daß
es keine <u>Probleme</u> geben wird.
Le <u>secrétaire</u> d'<u>État</u>, qui veut <u>acheter</u> du <u>pétrole</u> à 35 <u>euros</u> le baril, <u>espère</u> qu'il n'y
aura pas de <u>problèmes</u>.

262 <u>Einerseits</u> sind Tausende Arbeitsplätze <u>geschaffen</u> worden, andererseits ist /
bleibt die <u>Arbeitslosigkeit</u> weiterhin <u>hoch</u>.
<u>D'un côté</u>, des milliers d'emplois ont été <u>créés</u>, <u>de l'autre</u>, le <u>chômage</u> reste <u>élevé</u>.
(D'une part... d'autre part)

263 Die Institutionen, die vom <u>Staat geschaffen</u> wurden, um das <u>Französische</u> zu
verteidigen, <u>schaffen</u> neue Termini, die die <u>Franzosen fast</u> nie verwenden; man
<u>braucht</u> aber diese Organisationen, die also nicht unnötige Ausgaben <u>darstellen</u>.
Les institutions <u>créées</u> par l'<u>État</u> pour défendre le <u>français créent</u> des termes
nouveaux que les <u>Français</u> n'utilisent <u>presque</u> jamais; on a pourtant <u>besoin</u> de ces
organismes, qui ne <u>représentent</u> donc pas des dépenses inutiles.

264 Unsere Public-<u>Relations</u>-Abteilung hat eine <u>teure</u>, aber vielversprechende
Maßnahme erfunden: Sie <u>kauft</u> Fernsehanstalten, weil wir <u>hoffen</u>, daß unser
Generaldirektor <u>Premier</u>minister <u>werden</u> könnte.
Notre service de <u>relations</u> publiques a inventé une <u>mesure chère</u>, mais pro-
metteuse: il <u>achète</u> des chaînes de télévision, parce que nous <u>espérons</u> que notre
P.-D.G. pourrait <u>devenir</u> <u>Premier</u> ministre.

EXERCICES D'APPROFONDISSEMENT - CORRIGÉ

1)

1.a)

1 Alle Welt kennt den Unterschied zwischen einer Tochtergesellschaft und einer Filiale, weil er in der ganzen Welt der gleiche ist, oder wenigstens in den meisten Ländern.

Tout le monde connaît la différence qui existe / qu'il y a entre une filiale et une succursale, parce que c'est la même dans le monde entier, ou du moins dans la plupart des pays.

2 Die Zeichnung der jungen Aktien erfolgt mittels einer einfachen Unterschrift.

La souscription des actions nouvelles se fait au moyen d'une simple signature.

3 Um Konkurse und Demonstrationen zu vermeiden, forciert / fördert die Regierung Investitionen. Sie zwingt die Unternehmer fast zum Investieren, indem sie Kredite gewährt, bei denen man den Großteil des geliehenen Geldes / den Großteil der geliehenen Mittel zurückzahlen muß, aber nicht die Gesamtheit.

Pour éviter les faillites et les manifestations, le gouvernement promeut / encourage les investissements. Il force presque les entrepreneurs à investir, en accordant / octroyant des crédits où il faut rembourser la plus grande partie de l'argent emprunté / la plus grande partie des fonds empruntés, mais pas la totalité.

4 Dank intensiver Anstrengungen hat sie eine Ausleseprüfung bestanden, und das Ministerium hat ihr die Chance gegeben / eröffnet, in Brüssel zu arbeiten. Was für ein Glück!

Grâce à des efforts intenses, elle a réussi un concours et le ministère lui a donné / offert la possibilité de travailler à Bruxelles. Quelle chance!

5 Sprechen wir also von einem aktuellen Problem: Es ist traurig, aber laut den Umfragen ist die heutige / derzeitige konservative Partei für die Wähler nicht attraktiv. Vor drei Jahren, vor den letzten Wahlen, erschien sie noch relativ effizient; aber danach hat sich ihre Lage verschlechtert und ist heute eher trist.

Parlons donc d'un problème d'actualité: c'est triste, mais selon / d'après les sondages, le parti conservateur actuel n'est pas attrayant pour les électeurs. Il y a trois ans, avant les dernières élections, il avait encore l'air relativement efficace; mais après, sa situation s'est détériorée, et elle est actuellement plutôt grave / difficile / morose.

6 Dann begann er seine Beweisführung: Mit dem Zeigefinger zeigte er auf die Kurve, die die tatsächliche Entwicklung des Verbraucherpreisindex zeigte.

Alors / Ensuite, il a commencé sa démonstration: de l'index, il a montré / indiqué la courbe qui représentait l'évolution effective de l'indice des prix à la consommation.

1.b)

7 Infolge / Aufgrund der Konkurrenz des Dollars, die auf das Prestige der USA zurückzuführen ist, verwendet niemand mehr unsere heimische Währung.

Par suite de / En raison de la concurrence du dollar, due au prestige des États-Unis, personne ne se sert plus de.../ personne n'utilise plus notre monnaie nationale.

8 Warten Sie ein paar Jahre: Bald werden die meisten Leute, sogar die Leute aus dem Volk, lieber Kreditkarten verwenden als (anstelle von) Banknoten und Kleingeld.

Attendez quelques années: bientôt la plupart des gens, même les gens du peuple, préféreront utiliser des / se servir de cartes de crédit au lieu de billets de banque et de petite monnaie.

9 "Ich habe kein Geld", beklagt sich ein Teilnehmer am Bettler-Wettbewerb, "nur einige Münzen, die schon sehr abgenützt sind - noch dazu in fremder Währung. Und dort drüben im Eck steht schon ein anderer Bettler, der mir Konkurrenz macht."

« Je n'ai pas d'argent, se plaint un participant de la compétition de mendiants, rien que quelques pièces de monnaie, qui sont déjà très usées - et en monnaie étrangère par-dessus le marché. Et là-bas, dans le coin, il y a déjà un autre mendiant qui me fait concurrence. »

10 - Ich muß jetzt fortgehen.
- Sie wollen uns schon verlassen?
- Ja; ich muß dringend telefonisch meinen Onkel, den Staatssekretär, erreichen, der mich während meines Studiums unterstützt hat. Ich möchte ihn besuchen, um seiner Partei beizutreten.

- Il faut que je parte maintenant.
- Vous voulez déjà nous quitter?
- Oui; je dois joindre d'urgence par téléphone mon oncle, le secrétaire d'État, qui m'a soutenu pendant mes études. Je voudrais lui rendre visite / aller le voir pour adhérer à son parti.

11 Ich halte diese Leute nicht aus, die unsere Universität nur besichtigen kommen, ohne die Absicht zu haben, sie tatsächlich zu besuchen.

Je ne supporte pas ces gens qui viennent simplement visiter notre université, sans avoir l'intention de la fréquenter effectivement.

1.c)

12 Der Finanzminister hat die Steuern erhöht, weil sich seine Ausgaben erhöht hatten und bereits 200 Mrd. Euro betrugen.

Le ministre des Finances a relevé / augmenté les impôts, parce que ses dépenses s'étaient accrues / avaient augmenté et s'élevaient déjà à 200 milliards d'euros. (étaient déjà de.../ se montaient déjà à...)

13 Die Steuererhöhung hat einen Umschwung der öffentlichen Meinung bewirkt, der den Premierminister gezwungen hat, gewisse Veränderungen in seiner Regierung durchzuführen.

L'augmentation des impôts a causé / entraîné un revirement de l'opinion publique, qui a obligé / forcé le Premier ministre à effectuer certaines modifications dans son gouvernement.

14 Er hat seinem Minister ein Denkmal gesetzt, und dann hat er ihn zu den Bauern geschickt, Schweine züchten.

Il a élevé un monument à son ministre, et puis il l'a envoyé chez les paysans élever les cochons.

2)

15 Verschiedene / diverse / zahlreiche Politiker sind zu optimistisch; daher erwarten sie, die Probleme der Leistungsbilanz lösen zu können.

Différents / divers / de nombreux hommes politiques / politiciens sont trop optimistes; c'est pourquoi ils s'attendent à pouvoir résoudre les problèmes de la balance des opérations courantes.

16 Diese Erwartungen drücken ein gewisses Vertrauen in die finanziellen Maßnahmen aus, die getroffen wurden, um Arbeitsplätze zu schaffen.

Ces attentes expriment une certaine confiance dans les mesures financières prises pour / afin de créer des emplois.

17 Theoretisch kann man nicht erwarten, daß die Spediteure große Investitionen tätigen, um die Umwelt zu schützen. Trotzdem darf man sie nicht verdammen.

Théoriquement, il ne faut pas s'attendre à ce que les transitaires effectuent des investissements importants pour / afin de protéger l'environnement. Malgré cela, il ne faut pas les condamner. / Il ne faut pourtant / cependant pas les condamner.

18 Einerseits stellen 10 Mio. € einen großen Betrag dar, andererseits ist das alles nichts gegenüber 20 Mrd. $.

D'un côté, 10 millions d'euros représentent une somme importante, de l'autre, tout cela n'est rien par rapport à 20 milliards de dollars. (d'une part / d'autre part)

3)

19 <u>Man kann feststellen</u>, daß die Arbeitslosigkeit, von der <u>man</u> mehrere Arten <u>unterscheiden kann</u>, von der konjunkturellen Entwicklung <u>abhängig ist</u>; das Studium der Konjunktur <u>ermöglicht</u> es also, Prognosen über die Arbeitslosenrate zu erstellen, und <u>führt</u> so <u>zu</u> einer Anpassung der Wirtschaftspolitik.

<u>On constate</u> que le chômage, dont <u>on</u> <u>distingue</u> plusieurs formes, <u>dépend</u> de l'évolution conjoncturelle; l'étude de la conjoncture <u>permet</u> donc d'établir des pronostics sur le taux de chômage et <u>conduit</u> ainsi <u>à</u> / <u>entraîne</u> ainsi un ajustement de la politique économique.

4)

20 Die ungünstige <u>Entwicklung</u> der Leistungs<u>bilanz</u> stellt das Hauptproblem der französischen <u>Volkswirtschaft</u> dar.

L'<u>évolution</u> défavorable de la <u>balance</u> des opérations courantes représente le problème principal de l'<u>économie nationale</u> de la France.

21 In der <u>Volkswirtschaft</u> beschäftigt man sich nicht mit den <u>Bilanzen</u> von Gesellschaften.

En <u>économie politique</u>, on ne s'occupe pas des <u>bilans</u> de sociétés.

22 <u>Hohe</u> Subventionen werden gewährt, um die <u>Entwicklung</u> der Landwirtschaft im <u>Hoch</u>gebirge zu fördern.

Des subventions <u>élevées</u> / importantes sont accordées pour encourager / promouvoir le <u>développement</u> de l'agriculture en <u>haute</u> montagne.

23 Die <u>Höhe</u> der Subventionen für den Erhalt der Wälder ist von der <u>Seehöhe</u> und von der <u>Höhe</u> der Bäume abhängig.

Le <u>montant</u> des subventions pour la conservation des forêts dépend de l'<u>altitude</u> et de la <u>hauteur</u> des arbres.

24 Die Spionin hatte mir versprochen, mir die wichtigsten <u>Daten</u> zu einem bestimmten <u>Datum</u> <u>bei</u> (= anläßlich) einer <u>Verabredung (Termin)</u> <u>gegenüber</u> der französischen Nationalbank mitzuteilen.

L'espionne m'avait promis de me communiquer les <u>données</u> essentielles à une certaine <u>date</u>, <u>lors d'un</u> / <u>à l'occasion d'un</u> <u>rendez-vous</u> <u>en face de</u> / <u>vis-à-vis de</u> la Banque de France.

25 Kommentieren Sie diese beiden <u>Zahlen</u>: die <u>Zahl</u> von <u>hohen</u> Bergen und die <u>Zahl</u> der Nächtigungen in Tirol.

Commentez ces deux <u>chiffres</u>: le <u>nombre</u> de <u>hautes</u> montagnes et le <u>nombre</u> des nuitées au Tyrol.

26 Die französische <u>Bäuerin</u> kocht mit Oliven<u>öl</u>, die texanische <u>Bäuerin</u> mit <u>Erdöl</u>.

La <u>paysanne</u> / <u>fermière</u> française fait la cuisine à l'<u>huile</u> d'olive, la <u>paysanne</u> / <u>fermière</u> texane, au <u>pétrole</u>.

27 Im <u>Lager</u> (= Lagerhaus) lagern die <u>Lager</u> (= Lagerbestände).

Les <u>stocks</u> sont entreposés / stockés dans le <u>dépôt</u> / dans l'<u>entrepôt</u>.

28 Die französische Handels<u>bilanz</u> weist seit drei <u>Jahren</u> einen <u>Überschuß</u> auf, <u>während</u> die <u>Bilanz</u> meines Unternehmens seit drei <u>Geschäftsjahren</u> negativ ist - drei schwierige <u>Jahre</u>, während derer ich, trotz <u>Einsparungen</u> in allen Bereichen, nichts <u>sparen</u> (= ansparen) konnte.

La <u>balance</u> commerciale française affiche un <u>excédent</u> depuis trois <u>ans</u>, <u>tandis que</u> / <u>alors que</u> le <u>bilan</u> de mon entreprise est négatif depuis trois <u>exercices</u> - trois <u>années</u> difficiles, pendant lesquelles, malgré des <u>économies</u> dans tous les domaines, je n'ai rien pu <u>épargner</u>.

29 Das <u>Sparen</u> ist ein wichtiges Kapitel in der <u>Volkswirtschaft</u>. So verringern sich die <u>Ersparnisse</u> der Haushalte <u>bei</u> den Banken stets, wenn der Staat eine <u>Sparpolitik</u> betreibt.

L'<u>épargne</u> est un chapitre important en <u>économie politique</u>. Ainsi, les <u>économies</u> des ménages <u>auprès des</u> banques diminuent / se réduisent toujours lorsque l'État pratique une <u>politique de rigueur</u> / <u>d'austérité</u>.

30 Obwohl wir einen <u>Überschuß</u> an Wasserkraft haben, ist es notwendig, Energie und besonders / insbesondere <u>Benzin</u> zu <u>sparen</u>.

Bien que nous ayons un <u>surplus</u> d'hydro-électricité, il est nécessaire d'<u>économiser</u> l'énergie et en particulier / surtout / notamment l'<u>essence</u>.

31 Die Einführung neuer Einkommen- oder Konsum<u>steuern</u> würde die Budget-politik <u>erleichtern</u> und die politisch Verantwortlichen <u>erleichtern</u>; sie würde aber nicht die Steuerlast <u>erleichtern</u>.

L'introduction de nouveaux <u>impôts</u> (sur les revenus) ou de nouvelles <u>taxes</u> (sur la consommation) <u>faciliterait</u> la politique budgétaire et <u>soulagerait</u> les responsables politiques; mais elle n'<u>allégerait</u> pas la charge fiscale.

32 Wir <u>liefern</u> eine umfangreiche Palette von Produkten, die wir Ihnen auf Anfrage nach Hause <u>liefern</u>.

Nous <u>fournissons</u> une vaste gamme de produits, que nous vous <u>livrons</u> à domicile sur demande.

33 Wir kontrollieren die Rohstoffe lieber, <u>während</u> sie sich noch <u>bei</u> unserem <u>Lieferanten</u> (= Zulieferer) befinden und bevor er sie dem <u>Lieferanten</u> (= Zusteller) anvertraut, um Überraschungen im Zuge des Produktions-<u>prozesses</u> sowie spätere Rechtsstreitigkeiten und <u>Prozesse</u> zu vermeiden.

Nous préférons contrôler les matières premières <u>pendant qu'</u>elles se trouvent encore <u>chez</u> notre <u>fournisseur</u> et avant qu'il (ne) les confie au <u>livreur</u>, pour éviter / afin d'éviter des surprises au cours du <u>processus</u> de production ainsi que des litiges et des <u>procès</u> ultérieurs.

34 Ein Scheck ermöglicht es, <u>bar</u> (= sofort) zu <u>zahlen</u>, ohne <u>bar</u> - das heißt, mit Banknoten und Münzen - zu <u>zahlen</u>.

Un chèque permet de <u>payer (au) comptant</u> sans <u>payer en liquide / en espèces</u>, c'est-à-dire avec des billets de banque et des pièces de monnaie.

35 Angesichts der schwierigen Lage haben viele Franzosen bei den Wahlen den Kandidaten der extremen Rechten gewählt, obwohl sie wußten, daß er nicht gewählt werden würde. Diese Veränderung der politischen Landschaft gegenüber den letzten Wahlen zeugte von einem tiefen Wunsch nach Veränderung.

Face à la situation difficile, bien des / beaucoup de Français ont voté pour le candidat d'extrême-droite lors des élections, bien qu'ils sachent qu'il ne serait pas élu. Cette modification du paysage politique par rapport aux dernières élections témoignait d'un profond désir de changement.

36 Damit sich die Welt verändert, müßte man die Haltung der Bauern gegenüber den Dünge- und Pflanzenschutzmitteln durch eine spezielle Ausbildung verändern, während man gleichzeitig Ökologie in die schulische Ausbildung integriert.

Pour que le monde change, il faudrait modifier l'attitude des agriculteurs vis-à-vis des engrais et des pesticides par une formation spécialisée, tout en intégrant l'écologie dans l'éducation scolaire.

5)

37 Das Personal von Klein- und Mittelbetrieben, deren Beschäftigtenzahl stark gestiegen ist, stellt eine Gruppe benachteiligter Arbeitnehmer dar; das betrifft die gesamte erwerbsfähige Bevölkerung, aber die Arbeiter noch stärker als die Angestellten.

Le personnel des PME (petites et moyennes entreprises), dont les effectifs ont fortement augmenté, constitue / représente un groupe de salariés sous-privilégiés; cela concerne la population active toute entière, mais les ouvriers encore plus que les employés.

38 Wenn jemand zu Ihnen von der Bevölkerung eines Landes spricht, ist er Demograph; jemand, der nur vom Volk spricht, ist sicher ein nationalistischer Ideologe.

Lorsque (Quand) quelqu'un vous parle de la population d'un pays, il est démographe; quelqu'un qui ne parle que du peuple est certainement un idéologue nationaliste.

39 Jemand, der seine Wertpapiere verkauft, tauscht momentane <u>Einnahmen</u> gegen eine Verringerung seines regelmäßigen <u>Einkommens</u> / seiner regelmäßigen <u>Einkünfte</u> ein.

Quelqu'un qui vend ses titres échange des <u>recettes</u> momentanées contre une réduction de ses <u>revenus</u> réguliers.

40 Der Bericht <u>enthält</u> folgende Feststellung: Der Verwaltungsrat, der <u>aus</u> etwa zwanzig Personen <u>besteht</u>, <u>umfaßt</u> viel mehr Männer als Frauen.

Le rapport <u>contient</u> la constatation suivante: le conseil d'administration, qui <u>est constitué d'</u>une vingtaine de personnes, <u>comprend</u> beaucoup plus d'hommes que de femmes.

41 Die Sparpolitik hat eine Woge der Unzufriedenheit in der öffentlichen Meinung <u>bewirkt / nach sich gezogen</u>, was <u>zu</u> massiven Demonstrationen <u>geführt</u> hat / was massive Demonstrationen <u>nach sich gezogen</u> hat, die durch ein merkliches Absinken der Kaufkraft <u>verursacht / hervorgerufen</u> wurden. Aber die End-Krise wurde durch Änderungen der Sozialgesetzgebung <u>hervorgerufen / ausgelöst.</u>

La politique de rigueur / d'austérité a <u>causé / entraîné</u> une vague de mécontentement dans l'opinion publique, ce qui a <u>conduit à / entraîné</u> des manifestations massives <u>causées / provoquées</u> par une baisse notable du pouvoir d'achat. Mais la crise finale a été <u>provoquée / déclenchée</u> par des modifications de la législation sociale.

42 Wenn Sie es stets <u>vermeiden</u>, in ausländischer Währung zu fakturieren, wird Sie das gelegentlich daran <u>hindern</u>, Wechselkursgewinne zu machen.

Si vous <u>évitez</u> toujours de facturer en monnaie étrangère, cela vous <u>empêchera</u> quelquefois de réaliser / de faire des gains de change.

43 Die Experten schätzen, daß drei Monate notwendig sein werden / daß man drei Monate brauchen wird, um dieses Unternehmen zu bewerten, bevor man es privatisieren kann. Die Kosten dieses Vorgangs werden auf 3 Mio. Euro geschätzt, aber das Ergebnis könnte eine Euphorie an der Börse auslösen / hervorrufen.

Les experts estiment qu'il faudra trois mois pour évaluer cette entreprise, avant de pouvoir la dénationaliser. Les frais de cette opération sont estimés à 3 millions d'euros, mais le résultat pourrait déclencher une euphorie en Bourse.

44 Wegen / Infolge / Aufgrund der Staatsverschuldung glaubten einige / manche Spezialisten, daß nur einige / ein paar Länder die Konvergenzkriterien rechtzeitig erfüllen würden können. In Wirklichkeit gelang das mehreren. Außerdem gibt es bald in der EU ein Dutzend Länder zusätzlich (ein Dutzend zusätzliche Länder).

En raison de l'endettement des États, certains spécialistes pensaient qu'il n'y aurait que quelques pays qui puissent remplir à temps les critères de convergence. En réalité, plusieurs y réussirent. De plus / En outre, il y aura bientôt dans l'UE une douzaine de pays en plus (une douzaine de pays supplémentaires).

45 Im Fall von Schwierigkeiten / Falls es Schwierigkeiten gibt laufen wir Gefahr, im nächsten Jahr und im darauffolgenden Jahr weniger Gewinn zu machen als im vorigen Jahr und im Jahr davor. Aber die Preissenkungen dürften eine Verdoppelung unseres Umsatzes bewirken / nach sich ziehen.

En cas de difficultés, l'année prochaine et l'année suivante, nous risquons de réaliser moins de bénéfices que l'année dernière (passée) et l'année précédente. Mais la réduction des prix devrait entraîner un doublement de notre chiffre d'affaires.

46 <u>Dank</u> der Subventionen, die <u>aufgrund/</u> <u>infolge</u> des Budgetüberschusses gewährt wurden, konnten wir die Verringerung der <u>Beschäftigtenzahl</u> <u>vermeiden</u>, die <u>wegen / aufgrund / infolge</u> einer Reihe von Verlusten notwendig gewesen wäre.

<u>Grâce aux</u> subventions accordées <u>en</u> <u>raison de</u> l'excédent budgétaire, nous avons pu <u>éviter</u> la réduction des <u>effectifs</u> qui aurait été nécessaire <u>à cause d'</u>une série de pertes / <u>en raison d'</u>une série de pertes / <u>par suite d'</u>une série de pertes.

47 <u>Im Fall eines</u> Konkurses zahlt das Unternehmen einen viel geringeren Teil seiner Verbindlichkeiten zurück als <u>im</u> <u>Fall eines</u> Ausgleichs.

<u>Dans le cas d'une</u> faillite, l'entreprise rembourse une part beaucoup moins importante / grande de ses dettes que <u>dans le cas d'un</u> règlement judiciaire.

6)

48 Seit <u>der Wahl</u> steigen <u>Import</u> und <u>Export</u>, und <u>der Handel</u> entwickelt sich.

Depuis <u>les élections</u>, <u>les importations</u> et <u>les exportations</u> augmentent et <u>les échanges</u> se développent.

49 Nach <u>dem Verlust</u> im Vorjahr erwarten wir für heuer <u>einen Gewinn</u>. Aber die Entwicklung <u>des Lagers</u>, <u>des Absatzes</u> und <u>der Mitarbeiterzahl</u> ist noch nicht zufriedenstellend.

Après <u>les pertes</u> de l'année dernière, nous nous attendons à <u>des bénéfices</u> pour cette année. Mais l'évolution <u>des stocks</u>, <u>des ventes</u> et <u>des effectifs</u> n'est pas encore satisfaisante.

7)

50 In <u>einer Reportage</u> wurden die Ergebnisse <u>einer Umfrage</u> über <u>den</u> Hauptgrund <u>der Arbeitslosigkeit</u> veröffentlicht.

Dans <u>un reportage</u>, on a publié les résultats d'<u>un sondage</u> sur <u>la</u> principale <u>raison du chômage</u>.

51 Der Wert dieser Aktien erklärt sich ebensosehr durch die Rendite wie durch die Rolle dieses Konzerns, der die Kontrolle über einen ganzen Sektor der Volkswirtschaft ausübt und der soeben ein öffentliches Übernahmeangebot erfolgreich abgeschlossen hat.

La valeur de ces actions s'explique autant par le rendement que par le rôle de ce groupe, qui exerce le contrôle sur tout un secteur de l'économie nationale et qui vient de réussir / mener à bien une offre publique d'achat.

52 Diese Graphik bestätigt, daß ein Umsatz von einer Million Dollar, ja sogar von einer Milliarde, in diesem Bereich eine vollkommen normale Zahl darstellt.

Ce graphique confirme qu'un chiffre d'affaires d'un million de dollars, voire (ou même) d'un milliard, représente / constitue un chiffre tout à fait normal dans ce domaine.

53 Eine politische Partei besitzt den Löwenanteil im Kapital dieses Unternehmens und kassiert daher einen großen Teil der Dividende.

C'est un parti politique qui possède la part du lion dans le capital de cette entreprise et qui encaisse donc une grande partie du dividende.

8)

54 Die Lage hat sich nicht verändert: Trotz guter Konjunktur sinkt / verringert sich die Arbeitslosigkeit nicht, im Gegenteil: Sie steigt / erhöht sich.

La situation n'a pas changé: malgré la bonne conjoncture, le chômage ne diminue pas / ne se réduit pas, au contraire: il augmente / il s'accroît.

55 Man erwartet, daß die Arbeitslosenrate, die derzeit ca. 10% beträgt, sich im Laufe des nächsten Jahrzehnts verdoppelt oder verdreifacht.

On s'attend à ce que le taux de chômage, qui actuellement / à l'heure actuelle s'élève à / est de (se monte à) 10% environ, double ou triple dans le courant de / au cours de la prochaine décennie.

9)

56 In der EU kommen einerseits die sozialen Errungenschaften den Arbeitnehmern zugute, andererseits reduzieren die Unternehmen ihre Mitarbeiterzahl, obwohl sie immer mehr produzieren.	Dans l'UE, d'une part, les acquis sociaux bénéficient / profitent aux salariés, d'autre part, les entreprises réduisent leurs effectifs, bien qu'elles produisent de plus en plus. (d'un côté.../ de l'autre...)
57 Die Regierung hat versprochen, daß sie die Budgetprobleme lösen und gleichzeitig die Wirtschaft fördern würde: Sie hat angeboten, die großen Banken zu privatisieren, die von der vorigen Regierung erworben worden waren, welche eine große Förderin des öffentlichen Sektors war.	Le gouvernement a promis qu'il résoudrait les problèmes budgétaires tout en promouvant l'économie: il a offert / proposé de dénationaliser / de privatiser les grandes banques, qui avaient été acquises par le gouvernement précédent, (qui était un) grand promoteur du secteur public.
58 Vor allem das Budget wird von den Privatisierungen profitieren. Diese werden von ausländischen Erwerbern finanziert, die so die heimische Wirtschaft fördern.	C'est surtout le budget qui bénéficiera des / profitera des dénationalisations. Celles-ci sont financées par des acquéreurs étrangers, qui promeuvent ainsi l'économie nationale.
59 Das vom Finanzminister geförderte Angebot der heimischen Banken wurde nicht berücksichtigt, und diese schlossen daraus: "Wenn wir die lahmen Enten des Staates erwerben, finanzieren wir das Budgetdefizit, aber wir lösen nicht die Probleme der Branche. Die Alternative dazu ist, daß das Ausland zum Nutznießer der heimischen Wirtschaftsförderung wird."	L'offre des banques nationales, promue par le ministre des Finances, n'a pas été prise en compte, et celles-ci en ont conclu: « Si nous acquérons les canards boîteux de l'État, nous finançons le déficit budgétaire, mais nous ne résolvons pas les problèmes du secteur. L'alternative en est que l'étranger devienne le bénéficiaire de la promotion économique nationale. »

10)

10.a)

60 Die derzeitige Sparpolitik entspricht dem sparsamen Charakter des Präsidenten, aber sie ist auch charakteristisch für die neue Strategie der Regierung.

La politique de rigueur / d'austérité actuelle correspond au caractère économe du président, mais elle est aussi caractéristique de la nouvelle stratégie du gouvernement.

61 Den Prognosen zufolge wird die Verringerung des Preises für das Barrel Erdöl in den kommenden Monaten günstige Auswirkungen auf die Konjunktur haben.

Selon les pronostics, la diminution / la réduction du prix du baril de pétrole dans les prochains mois / dans les mois à venir aura des effets favorables sur la conjoncture.

62 Sowohl der Exporteur als auch der Importeur profitieren von diesem Vertrag, dessen Gegenstand der Verkauf von Flugzeugen ist. Er wird für die Dauer eines Geschäftsjahres Konflikte bezüglich der Preise vermeiden helfen.

Aussi bien / Tant l'exportateur que l'importateur profitent / bénéficient de ce contrat, dont l'objet est la vente d'avions. Il aidera à éviter, pour la durée d'un exercice, les conflits au sujet des prix.

63 Die Regierung möchte das Budget durch folgende Maßnahmen sanieren:
- erstens, die Gehälter in der verstaatlichten Industrie halbieren (= durch zwei dividieren);
- zweitens, die Vorteile der Arbeitgeber gegenüber den Arbeitnehmern streichen;
- und drittens, eine Anpassung der Subventionen durchführen.

Le gouvernement voudrait assainir le budget par les mesures suivantes:
- premièrement, diviser par deux les salaires dans l'industrie nationalisée;
- deuxièmement, supprimer les avantages des patrons par rapport aux salariés;
- et troisièmement, effectuer une adaptation des subventions.

64 Die Anwälte der chemischen
Industrie fordern, daß das Parlament den
Gesetzesentwurf (= das Gesetzesprojekt)
über die Chemie und die Medizin
revidiert.

Les avocats de l'industrie chimique
exigent que le parlement révise le projet
de loi sur la chimie et la médecine.

10.b)

65 Die EDV-Ausstattung für die Buchhaltung ist teuer, denn die meisten Buchhalter haben die Tendenz, zum Beispiel
sehr große Computer oder hoch-
entwickelte Software zu verwenden.

L'équipement informatique pour la
comptabilité coûte cher, car la plupart
des comptables ont tendance à utiliser,
par exemple, de très gros ordinateurs ou
des logiciels sophistiqués.

66 Der Handelsbilanzüberschuß wächst
mit außergewöhnlicher Geschwindigkeit
(= Rhythmus) dank der eher unerwarte-
ten Entwicklung der Infrastruktur, die
von der Regierung initiiert wurde.

L'excédent commercial (de la balance
commerciale) augmente à un rythme
exceptionnel, grâce au développement
plutôt inespéré des infrastructures initié
par le gouvernement.

67 Er arbeitet als Assistent der kauf-
männischen Leitung, aber er kann weder
Wirtschaftssprache noch Handelskorrespondenz.

Il travaille comme assistant de la
direction commerciale, mais il ne connaît
ni le langage économique ni la correspondance commerciale.

10.c)

68 <u>Manche</u> <u>Franzosen</u> (und <u>manche</u> <u>Französinnen</u>) glauben, daß alle <u>Ameri-kaner</u> <u>Spezialisten</u> für Wall-Street-<u>Kurse</u> und für Informatik-<u>Programme</u> sind, und daß die <u>Amerikanerinnen</u> alle Tage ihre <u>Einkäufe</u> in den <u>modern</u>sten Großmärkten tätigen.

Certains <u>Français</u> (et <u>certaines</u> <u>Françai-ses</u>) croient que tous les <u>Américains</u> sont <u>spécialistes</u> des <u>cours</u> de Wall Street et des <u>programmes</u> informatiques, et que les <u>Américaines</u> font tous les jours leurs <u>courses</u> dans les hypermarchés / grandes surfaces les plus <u>modernes</u>.

69 In der <u>öffentlichen</u> Meinung ist das Image der <u>Sozial</u>demokraten <u>positiver</u> als jenes der <u>nationalen</u> Parteien: Sie sind sehr <u>aktiv</u>, wenn es darum geht, das Land <u>konkurrenzfähig</u> zu machen.

Dans l'opinion <u>publique</u>, l'image des <u>sociaux</u>-démocrates est plus <u>positive</u> que celle des partis <u>nationaux</u>: ils sont très <u>actifs</u> lorsqu'il s'agit de rendre le pays <u>compétitif</u>.

70 Die <u>Liberalen</u> verlangen <u>gleiche</u> <u>steuer</u>liche Bedingungen für alle (Leute), was zu ihrem <u>Wahl</u>sieg beitragen könnte.

Les <u>libéraux</u> réclament des conditions <u>fiscales</u> <u>égales</u> pour tout le monde, ce qui pourrait contribuer à leur victoire <u>élec-torale</u>.

71 <u>Zusammenfassung</u>: Das <u>Problem</u> dieser Genossenschaft sind die <u>Netto</u>-verluste, die bereits den <u>Brutto</u>wert des Umsatzes übersteigen, infolge / aufgrund / wegen des zu hohen <u>Einkommens</u> der Mitglieder, die gleichzeitig <u>Angestellte</u> sind.

<u>Résumé</u>: Le <u>problème</u> de cette coopé-rative, ce sont les pertes <u>nettes</u> qui dépassent déjà la valeur <u>brute</u> du chiffre d'affaires, par suite du / en raison du / à cause du <u>revenu</u> trop élevé des membres qui sont en même temps <u>employés</u>.

72 Die <u>Erdöl</u>produktion ist kein <u>öffent-liches</u> <u>Monopol</u> mehr, weil die meisten <u>Experten</u> am <u>Erfolg</u> dieses <u>Systems</u> zweifeln.

La production de <u>pétrole</u> n'est plus un <u>monopole</u> <u>public</u>, parce que la plupart des <u>experts</u> doutent du <u>succès</u> de ce <u>système</u>.

10.d)

73 Die Rechts<u>persönlichkeit</u> einer AG hängt weder von ihren <u>Aktionären</u> noch von ihrem <u>Personal</u> ab.

La <u>personnalité</u> juridique d'une SA ne dépend ni de ses <u>actionnaires</u> ni de son <u>personnel</u>.

74 Die <u>professionellen</u> Ökonomen der französischen Nationalbank, die die erste <u>Adresse</u> in <u>Währungs</u>fragen ist, sind gegen den <u>Protektionismus</u>, der die nationale <u>Währung</u> schwächt.

Les économistes <u>professionnels</u> de la Banque de France, qui est l'<u>adresse</u> n°1 pour les questions <u>monétaires</u>, sont contre le <u>protectionnisme</u>, qui affaiblit la <u>monnaie</u> nationale.

75 Die nächste <u>Etappe</u> unserer Werbekampagne wird sich an die <u>Beamten</u> <u>richten</u>, die sehr <u>traditionelle</u> Konsumgewohnheiten haben.

La prochaine <u>étape</u> de notre campagne publicitaire s'<u>adressera</u> aux <u>fonctionnaires</u>, qui ont des habitudes de consommation très <u>traditionnelles</u>.

76 Der Aufschwung der Schattenwirtschaft (= "<u>Parallel</u>wirtschaft") könnte die positiven budgetären Auswirkungen der Steuerreform <u>annullieren</u>.

L'essor de l'économie <u>parallèle</u> pourrait / risque d'<u>annuler</u> les effets budgétaires positifs de la réforme fiscale.

10.e + f)

77 Der <u>Staat</u> muß diverse <u>Maßnahmen</u> ergreifen, <u>einerseits</u> gegen die zu <u>hohen</u> <u>Zinsen</u> und <u>andererseits</u> gegen die <u>Arbeitslosigkeit</u>, die ihn <u>teuer</u> kommt.

L'<u>État</u> doit prendre diverses <u>mesures</u>, <u>d'un côté</u> contre les <u>intérêts</u> trop <u>élevés</u>, et <u>de l'autre</u> contre le <u>chômage</u>, qui lui coûte <u>cher</u>. (d'une part...d'autre part)

78 <u>Devisenoptionen</u> wurden <u>vor allem</u> <u>geschaffen</u>, um dem Wechselkursrisiko vorzubeugen; sie <u>notieren</u> auch an der <u>Börse</u>. Es ist zu <u>hoffen</u>, daß sie eines Tages billiger (= weniger <u>teuer</u>) sein werden.

Les options sur devises ont <u>surtout</u> été <u>créées</u> pour se prémunir contre le risque de change; elles <u>sont</u> aussi <u>cotées</u> en <u>Bourse</u>. Il faut <u>espérer</u> qu'elles seront un jour meilleur marché / moins <u>chères</u>.

79 Die <u>Beziehungen</u> zwischen <u>Franzosen</u> und Österreichern sind <u>seit fast</u> einem halben Jahrhundert ausgezeichnet; immer mehr Österreicher lernen <u>Französisch</u> und <u>kaufen</u> französische Produkte.

Les <u>relations</u> entre les <u>Français</u> et les Autrichiens sont excellentes <u>depuis</u> <u>presque</u> un demi-siècle; de plus en plus d'Autrichiens apprennent le <u>français</u> et <u>achètent</u> des produits français.

80 <u>Erdöl</u> <u>stellt</u> ein <u>Problem dar</u>; es ist zu <u>teuer geworden</u>, weil die westlichen Länder zu viel davon <u>gekauft</u> haben.

Le <u>pétrole</u> <u>représente</u> un <u>problème</u>; il est <u>devenu</u> trop <u>cher</u> parce que les pays occidentaux en ont trop <u>acheté</u>.

81 Ich habe gerade meinen <u>ersten</u> Computer <u>gekauft</u>; jetzt <u>brauche</u> ich noch eine effiziente <u>Sekretärin</u> und ein paar Millionen <u>Euro</u>, die ich problemlos zu finden <u>hoffe</u>.

Je viens d'<u>acheter</u> mon <u>premier</u> ordinateur; maintenant j'ai encore <u>besoin</u> d'une <u>secrétaire</u> efficace et de quelques millions d'<u>euros</u>, que j'<u>espère</u> trouver sans problèmes.

INDEX ALLEMAND

INDEX FRANÇAIS

Kulturelles Verständnis schärfen

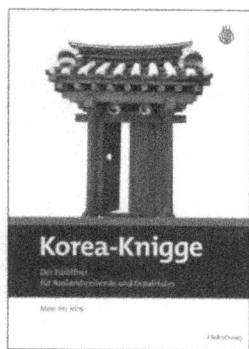

Mee-Jin Kim

Korea-Knigge

Der Türoffner für Auslandsreisende
und Expatriates

2010 | IX, 201 Seiten | Broschur | € 29,80
ISBN 978-3-486-58531-5

Korea ist ein faszinierendes Land: Während im Norden
ein totalitäres Regime herrscht, hat sich der Süden in
einem halben Jahrhundert zu einer prosperierenden
und wichtigen Volkswirtschaft entwickelt. Deutschland
und Südkorea pflegen seit vielen Jahren intensive Han-
delsbeziehungen. Aus diesem Grund zieht es auch
Deutsche beruflich oft auf die Halbinsel zwischen dem
Gelben und dem Japanischen Meer. Dieser Knigge verrät
Geschäftsreisenden und Expatriates, was Sie über dieses
Land wissen sollten. Es gibt einen kompakten und den-
noch fundierten Einblick in die Geschichte, Wirtschaft
und Religion Südkoreas. Auch die Wurzeln des gesell-
schaftlichen Umgangs und die Wertvorstellungen der
Südkoreaner werden gekonnt offenbart. Die koreanische
Autorin schärft damit das Bewusstsein für die kultu-
rellen Besonderheiten dieses Lands und gibt hilfreiche
Tipps, die die konfliktfreie Zusammenarbeit im Arbeits-
alltag erleichtern.

**Das Buch richtet sich in erster Linie an Praktiker, die
mit Koreanern beruflich zusammen arbeiten.**

Mee-Jin Kim führt interkulturelle
Trainings für deutsche und koreanische
Firmen durch. Sie ist Mitglied der
Society for Intercultural Education,
Training and Research (SIRTAR).

Bestellen Sie in Ihrer Fachbuchhandlung oder
direkt bei uns: Tel: 089/45051-248, Fax: 089/45051-333
verkauf@oldenbourg.de

Oldenbourg

Umfassend. Aktuell. Fundiert.

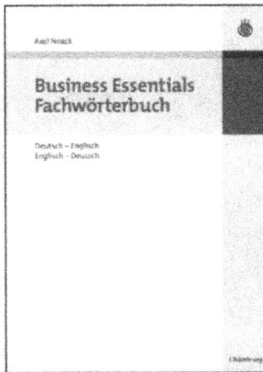

Axel Noack
Business Essentials:
Fachwörterbuch Deutsch-Englisch Englisch-Deutsch
2007. VII, 811 Seiten, gebunden
€ 59,80
ISBN 978-3-486-58261-1

Das Wörterbuch gibt dem Nutzer das Fachvokabular des modernen, internationalen Geschäftslebens in einer besonders anwenderfreundlichen Weise an die Hand.

Der englisch-deutsche Teil umfasst die 11.000 wichtigsten Wörter und Begriffe des angloamerikanischen Sprachgebrauchs.

Der deutsch-englische Teil enthält entsprechend 14.000 aktuelle Fachbegriffe mit ihren Übersetzungen.

Im dritten Teil werden 3.000 Abkürzungen aus dem internationalen Wirtschaftsgeschehen mit ihren verschiedenen Bedeutungen aufgeführt.

Das Lexikon richtet sich an Studierende der Wirtschaftswissenschaften sowie alle Fach- und Führungskräfte, die Wirtschaftsenglisch für Ihren Beruf benötigen. Für ausländische Studenten bietet es einen Einstieg in das hiesige Wirtschaftsleben.

Prof. Dr. Axel Noack lehrt an der Fachhochschule Stralsund BWL, insbes. International Marketing.

Oldenbourg

www.ingramcontent.com/pod-product-compliance
Lightning Source LLC
Chambersburg PA
CBHW081739270326
41932CB00020B/3334